经济学学术前沿书系

GUPIAO SHICHANG TOUZIZHE
YIZHI XINNIAN YANJIU

股票市场投资者
异质信念研究

尹慧 著

经济日报出版社

图书在版编目（CIP）数据

股票市场投资者异质信念研究／尹慧著．-- 北京：经济日报出版社，2020.8

ISBN 978-7-5196-0686-2

Ⅰ．①股… Ⅱ．①尹… Ⅲ．①股票投资-研究 Ⅳ．①F830.91

中国版本图书馆 CIP 数据核字（2020）第 114150 号

股票市场投资者异质信念研究

作　　者	尹　慧
责任编辑	陈　芬
责任校对	李艳春
出版发行	经济日报出版社
地　　址	北京市西城区白纸坊东街 2 号 A 座综合楼 710（邮政编码：100054）
电　　话	010-63567684（总编室） 010-63584556（财经编辑部） 010-63567687（企业与企业家史编辑部） 010-63567683（经济与管理学术编辑部） 010-63538621　63567692（发行部）
网　　址	www.edpbook.com.cn
E - mail	edpbook@126.com
经　　销	全国新华书店
印　　刷	北京九州迅驰传媒文化有限公司
开　　本	710×1000 mm　1/16
印　　张	11.375
字　　数	143 千字
版　　次	2020 年 8 月第 1 版
印　　次	2020 年 8 月第 1 次印刷
书　　号	ISBN 978-7-5196-0686-2
定　　价	52.00 元

摘　要

20 世纪 80 年代以来，金融市场上不断出现的异象引发了学者们对现代金融理论有效市场假说和理性人假设前提的重新思考。

为了对普遍存在的金融异象进行合理的解释，许多学者试图通过对传统金融理论的修正来寻找这些异象产生的原因，但结果并不理想。在这样的背景下，部分学者开始将心理学实验引入到金融理论中，从投资者心理的角度对传统金融理论进行修正，行为金融理论由此诞生。

行为金融理论关于投资者心理的研究可以分为“信念”和“偏好”两个方面。本书从信念的角度出发，放宽传统资产定价理论关于投资者同质信念的假设条件，假定股票市场上的投资者是异质信念的。通过构建异质信念代理变量，并在此基础上建立包含异质信念的 GARCH 模型，检验世界主要股票市场上投资者异质信念的存在性，同时分析异质信念与投资风险和股票预期收益之间的关系。

关于异质信念的实证研究中，异质信念代理变量的选取至关重要。目前，常用异质信念的代理变量有分析师预测的分歧、收益波动率、换手率等。与已有研究中异质信念代理变量的选取方式不同，本书在对投资者意见分歧趋于一致的动态变化过程进行分析的基础上，用投资者达成一致意见所需要的时间来衡量他们之间的异质性，这一异质信念代理变量的选取方式使得异质信念的定义变得更加清晰。

本书基于交易量构造异质信念代理变量。首先，将交易量区分为流动性交易量和信息交易量，基于信息交易量构建投资者异质信念代理变量，建立包含异质信念的 GARCH 模型，检验世界主要股票市场上投资者异质信念的存在性并分析异质信念与投资风险之间的关系。包含异质信念 GARCH 模型的实证分析结果表明：美国、英国、法国、德国、中国、中国香港地区、日本共六个国家和地区的股票市场上都具有明显的投资者异质信念现象，异质信念的存在能够加剧市场上的收益波动，带来更大的投资风险。同时，基于分段样本区间内的实证分析结果进一步表明，在世界主要股票市场上，异质信念是一种普遍存在的现象。与欧美股票市场以及亚洲地区中国香港和日本股票市场相比，中国内地股票市场上异质信念对收益波动影响的变化幅度相对较大。

为分析异质信念与股票预期收益之间的关系，本书对交易量进行了更精确的细分。分离出交易量中的时间趋势和自相关部分，将交易量区分为预期交易量和未预期交易量，基于未预期交易量构建异质信念代理变量，建立包含异质信念的 GARCH – M 模型。该模型的实证分析结果表明：在全球主要股票市场上，投资者异质信念与股票预期收益之间普遍具有负的相关关系，即异质信念的程度越强，股票预期收益越低。但是，异质信念与股票预期收益之间负相关关系的程度是不同的。欧美地区异质信念与股票预期收益之间的负相关关系普遍比较弱。亚洲地区，中国内地股票市场上异质信念与股票预期收益之间的负相关关系相对较强，中国香港地区和日本股票市场上的负相关关系较弱。具体来看，中国内地市场股票价格被高估的程度最严重，其次是德国、英国和日本。中国香港地区、法国和美国市场上股票价格被高估的程度比较低。全球主要股票市场上投资者异质信念与股票预期收益之间均表现出了负的相关关系，这可能是卖空限制的影响。中国内地市场卖空限制相对严格，股票价格被高估的程度更严重，导致异质信念与股票预期收益之间呈现出较强的负相关关系，而欧美股票市场以及亚洲地区中国香港和日本股票市场卖空限制相对宽松，异质信念与股票预期收益之间的负相关关系较弱。

此外，对于本书念的GARCH模型，基于混合分布假说理论对模型进行实证检验后发现，包含异质信念的GARCH（GARCH－M）模型是一个以信息交易量（未预期交易量）为混合变量的混合GARCH（GARCH－M）模型。

基于本书关于异质信念的实证研究可以发现：进一步扩大机构投资者的规模，引导个体投资者合理进行投资，不断完善信息披露制度、严格控制内幕消息、拓展信息流通渠道，同时进一步完善卖空机制，缓解股票价格被高估的现状，将有利于股票市场的稳步发展。

关键词： 异质信念；信息交易量；未预期交易量；混合GARCH模型

Abstract

Since 1980s, anomalies emerged frequently in financial market initiated scholars to rethink the modern finance theory which assumes that the market is efficient and investors are rational.

In order to give reasonable explanation to financial anomalies, many scholars try to search the causes of these anomalies through modification to the traditional finance theory, but the results are not ideal. Under this condition, some scholars begin to introduce psychology experiments into the finance theory and then modify the traditional finance theory from the point of psychology which indicates the birth of behavioral finance theory.

The behavioral finance theory study investors' psychology in two directions, beliefs and preferences. This paper begin with beliefs, relax the assumption that investors are homogenous in traditional capital asset price theory and assume that investors in stock market are heterogeneous beliefs. Under this assumption, we construct GARCH model with heterogeneous beliefs and test the existence of investors' heterogeneous beliefs in the major world stock markets and also analysis the relationship between investors' heterogeneous beliefs and risk, expected stock returns.

In the empirical research on heterogeneous beliefs, the proxy for heterogeneous beliefs is the most important. From now on, proxies for heterogeneous beliefs have been considered such as dispersion in analysts' forecast, return volatility, turnover and so on. Differently with proxies for investors' heterogeneous beliefs used before, this paper use the time cost by which investors reach an agreement to get the proxy for heterogeneous beliefs based on the analysis to the dynamic process of investors tend to agree gradually. In this way, the definition of heterogeneous beliefs becomes clearer.

This paper use volume to get the proxy for heterogeneous beliefs. First, we divide volume into liquid volume and information volume, then use information volume to get the proxy for heterogeneous beliefs and construct a GARCH model with heterogeneous beliefs. Based on the model, we test the the existence of investors' heterogeneous beliefs in the major world stock markets and also analysis the relationship between investors' heterogeneous beliefs and risk. The empirical results showed that there are obvious heterogeneous beliefs in the stock markets of seven major countries and regions such as US, Britain, France, Germany, China, Hong Kong and Japan, heterogeneous beliefs have significantly enlarged the return volatility, bringing higher investment risks in these markets. And also the empirical result based on intervals showed that heterogeneous beliefs is a universal phenomenon in the major world stock markets. Comparing with Europe, America, Hong Kong and Japan stock market, the influence of heterogeneous beliefs on return volatility change greately in China mainland.

In order toexamine the relationship between heterogeneous beliefs and expected stock returns, we give a more accurate division of volume. We first separate the time trend and autocorrelation part from volume and then divide it into expected volume and unexpected volume, using unexpected volume to get the proxy for heterogeneous beliefs and then construct a GARCH – M model with heterogeneous beliefs. The empirical results showed that investors' heterogeneous beliefs and expected stock returns have negative relationship in the major world stock markets, the lower expected stock returns is, the greater the divergence of opinion. However the degree of the relationship between heterogeneous beliefs and expected stock returns is different. In European and American areas, the relationship between heterogeneous beliefs and expected stock returns is poor. In Asia, the relationship between heterogeneous beliefs and expected stock returns is greater in stock market in China mainland, while in Hong Kong and Japan stock markets the relationship is poor. In particular, stock price is most severely overvalued in China mainland stock market, and then is Germany, Britain and Japan; the degree of stock price being overvalued is very poor in Hong Kong, France and US stock market. With restricted short selling, investors' heterogeneous beliefs and expected stock returns present negative relationship. Because short selling restrictions are relatively strict in China mainland stock market, stock price is severely overvalued. While in European and American areas, Hong Kong and Japan market in Asia areas, short selling restrictions are relatively loose, so the relationship between heterogeneous beliefs and expected stock returns are not significant.

In addition, we test the GARCH model with heterogeneous beliefs constructed in this paper based on MDH (Mixture of Distributions Hypothesis) theory. The empirical evidence showed that the GARCH (GARCH - M) model with heterogeneous beliefs constructed in this paper is a mixing GARCH (GARCH - M) model and information volume (unexpected volume) is the mixing variable.

Based on the empirical research about heterogeneous beliefs in this paper, we conclude that trying to further expand the scale of institutional investors, guide the investment of individual investors and constantly improve the market information disclosure system, strictly control the inside information, enlarge the channel of information is benefit. At the same time, we should try to improve the short selling mechanism, alleviate the situation of overvalued stock prices. These measures will be helpful for the development of stock markets.

Keywords: Heterogeneous Beliefs, Information Volume, Unexpected Volume, Mixing GARCH Model

目　录

第一章　导　　论

本章主要介绍本书的研究背景、内容、方法和结论。具体概括为：研究背景与意义；研究方法和主要结论；本书创新与不足及未来研究展望；本书的结构。

第一节　研究背景与意义

传统资产定价理论以有效市场假说和理性人假设为前提，认为资产价格能够及时有效地反映市场中的信息，投资者不能利用历史信息预测未来的资产价格和收益。然而20世纪80年代以来，许多实证方面的研究表明，金融市场上存在着诸如“反转效应”“动量效应”“股权溢价”“收益率过度波动”等传统资产定价理论无法解释的异象，这些金融异象的产生引发了学者们对传统资产定价理论的重新思考。为了对金融异象给出合理的解释，经济学者试图通过对传统资产定价理论的修正来寻找这些异象产生的原因，但理论方面的改进并没有获得理想的效果①。在这种情况下，部分金融学者开始将心理学实验引入金融理论，从投资者心理的角度对传统金融理论进行修正，行为金融理论由此诞生。

行为金融理论关于投资者心理的研究又可以分为投资者的信念和偏好两个方面。本书对传统资产定价理论投资者同质信念的假设前提进行修正，放宽传统资产定价理论对投资者过于严格的假设条件，从投资者异质信念这一角度出发，首先对世界主要股票市场上投资者异质信念的存在性

① 对传统金融理论的修正主要有两类，C－CAPM模型和多因素模型。

进行检验，并在此基础上分析异质信念与投资风险、股票预期收益之间的关系。

异质信念（Heterogeneous Beliefs；Divergence of Opinion）也称为意见分歧（Disagreement），表示在相同持有期下，投资者对相同资产的预期收益分布具有不同的估价。

Miller（1977）最早将异质信念的观点纳入资产定价的理论研究之中。这一理论分析将异质信念和卖空限制进行结合，认为在投资者异质信念的前提下，卖空限制的存在将使得股票价格主要反映乐观投资者的评价，因此股票价格相对于其真实价值会被高估。投资者异质信念的程度越强，所受卖空限制的程度越严重，股票价格被高估的程度也就越严重。虽然Miller的研究只是静态模型下异质信念与股票价格关系的分析，但这是我们对传统资产定价理论有效市场假说和理性人假设前提进行质疑的过程中所迈出的重要一步，为进一步理解金融异象产生的原因以及本书研究异质信念与投资风险、股票预期收益之间的关系提供了重要的理论依据。在 Miller（1977）异质信念理论研究的基础之上，学者们开始关注投资者异质信念下的资产定价行为特征，目前，相关的研究也取得了一定的进展。异质信念前提下资产定价理论和实证方面的研究表明，金融市场的发展已经超出了有效市场假说和理性人假设的范畴，投资者异质信念的假设前提更具有理论和现实意义。

既然用异质信念来刻画金融市场中的投资者更具有现实意义，那么应该如何来度量投资者之间的异质性？在股票市场上，投资者之间的这种异质性与股市的波动以及投资风险和股票预期收益之间又具有怎样的关系？为了回答这些问题，首先是构建能够有效度量股票市场投资者异质信念的指标，即异质信念代理变量。其次是基于异质信念代理变量来研究异质信念与投资风险和股票预期收益之间的关系。

第二节　研究方法和主要结论

本书对传统资产定价理论有效市场假说和理性人假设前提进行重新思考，从投资者异质信念的角度分析股票市场的运行特征。

一、研究方法

传统资产定价理论在投资者同质信念的假设前提下对资产定价行为进行分析。与传统资产定价理论的分析框架有所不同，本书立足于行为金融学的分析范畴，从投资者异质信念的角度出发，首先构建异质信念代理变量，并在此基础上分析异质信念与投资风险、股票预期收益之间的关系。

在投资者异质信念的假设条件下，本书用两种不同的方式对交易量进行了区分：①相对粗略形式的区分：流动性交易量和信息交易量；②相对精确形式的区分:预期交易量和未预期交易量。在此基础上，基于信息交易量构建投资者异质信念代理变量，通过建立包含异质信念的混合 GARCH 模型检验美国、英国、法国、德国、中国、中国香港地区、日本共六个国家和地区股票市场上异质信念的存在性，同时分析异质信念与投资风险之间的关系。进一步，基于未预期交易量构建投资者异质信念代理变量，通过建立包含异质信念的混合 GARCH－M 模型对异质信念和股票预期收益之间的关系进行了分析。

二、主要结论

本书的主要结论可以概括为以下三个方面：

（一）包含异质信念混合 GARCH 模型的结论

本书构建的包含异质信念的混合 GARCH 模型能够有效刻画世界主要股票市场上普遍存在的投资者异质信念现象，描述投资者意见分歧趋于一致的动态变化过程。

（二）异质信念与投资风险关系的结论

基于包含异质信念混合 GARCH 模型的实证分析结果表明，美国、英国、法国、德国、中国、中国香港地区、日本六个国家和地区的股票市场上都具有明显的投资者异质信念现象，异质信念的存在能够加剧市场上的收益波动，带来更大的投资风险。分段样本区间内的实证分析结果表明：美国股票市场、亚洲地区中国内地以及中国香港股票市场上，所有分段样本区间内都具有明显的投资者异质信念现象，欧洲地区英国、法国、德国以及亚洲地区日本股票市场上存在部分分段样本区间内异质信念现象不明显的情况。总体来看，在本书所分析的分段样本区间内，美洲、欧洲、亚洲股票市场上普遍存在投资者异质信念的现象。与欧美股票市场以及亚洲地区中国香港和日本股票市场相比，在分段样本区间内，中国内地股票市场异质信念对收益波动影响的变化幅度相对较大。

（三）异质信念与股票预期收益关系的结论

基于包含异质信念混合 GARCH－M 模型的实证分析结果表明，无论是在相对成熟的欧美股票市场还是在亚洲股票市场，异质信念与股票预期收益之间均表现出了负的相关关系。异质信念的程度越强，所受卖空限制的程度越严重，股票价格被高估的程度就越严重，预期收益越低。

虽然美洲美国股票市场、欧洲英国、法国、德国股票市场、亚洲中国内地、中国香港地区、日本股票市场上，异质信念与股票预期收益均表现出了负的相关关系，但负相关关系的程度是不同的。由于各国股票市场所受卖空限制的程度存在差别，基于七个指数的估计结果表明，中国内地市场股票价格被高估的程度最严重，其次是德国、英国和日本。中国香港、法国和美国市场上股票价格被高估的程度比较低。

第三节　本书创新与不足及未来研究展望

一、创新之处

与现有关于异质信念的文献相比较，本书的创新之处概括为以下四个方面。

（1）在异质信念代理变量的选取方面，本书在分析交易量与股票价格关系的基础上，分别基于信息交易量和未预期交易量构造了投资者异质信念代理变量，与目前相关研究中异质信念代理变量的选取方式不同。

证券市场中的投资者通常根据市场上的新信息调整自己对资产定价的预期，投资者对新信息的评价分歧愈大，带来交易量的变动会愈剧烈，显然交易量是一个测度投资者对新信息的评价存在分歧的指标变量，与此同时，交易量在资产收益模型中的重要地位已被相关的研究所证明。因此，本书试图通过对交易量进行细分（区分为流动性交易量和信息交易量；预期交易量和未预期交易量）来获取基于异质信念产生的交易量，从而能够更有效地刻画投资者意见分歧趋于一致的动态变化过程①。本书构造了一

① Hong 等（2007）在相应“理念分歧模型”中给出了具体的推导。理想状态下，新信息产生后，投资者异质信念的程度会在当50%的投资者对信息的评价持某一观点（例如：看涨），而剩余50%的投资者持相反观点（例如：看跌）时达到最大，这时产生最大交易量。新信息产生后，投资者意见趋于一致的过程会同时受到信息的渐进传播、投资者的有限关注程度以及先验的差异性等诸多难以度量因素的影响，本书重点要分析的是异质信念程度逐渐降低这一动态变化过程。

种新的异质信念代理变量，异质性可以用投资者达成一致意见所持续的天数来衡量，这一估算方式使得异质信念的定义变得更加清晰。

（2）在模型的构建方面，现有关于异质信念的研究多采用线性模型的形式，在分析投资者异质信念的情况下，没有同时考虑收益率序列波动的聚集性。为了弥补先前研究的一些不足，本书分别利用信息交易量和未预期交易量构建投资者异质信念的代理变量，在经典 GARCH（GARCH－M）模型中引入异质信念变量，建立包含异质信念的 GARCH（GARCH－M）模型。实证分析表明，本书构建的包含异质信念的 GARCH（GARCH－M）模型能够有效刻画世界主要资本市场上普遍存在的投资者异质信念现象。由于本书基于交易量序列获取异质信念变量，总体上模型是基于股票价格序列和交易量序列的共同建模。利用这一模型研究异质信念的存在性，分析异质信念与投资风险、股票预期收益之间的关系，是对原有异质信念与资产收益线性关系模型的扩展。

（3）理论分析方面，传统混合分布假说理论是在投资者是同质信念的假设条件下提出的，同质信念的情况下资产价格服从以交易量为混合变量的混合分布。异质信念的假设前提下，基于混合分布假说理论，通过对本书构造异质信念变量过程中所使用的交易量进行检验后发现，与总体交易量进行比较，信息交易量和未预期交易量能够更有效地解释股票价格波动的持续性。异质信念的假设前提下，信息交易量（未预期交易量）是一个混合变量，可以作为信息流的合理替代变量，资产价格服从以信息交易量（未预期交易量）为混合变量的混合分布，这一结论丰富了传统混合分布假说理论。因此，本书构建的包含异质信念的 GARCH（GARCH－M）模型实际上可以称为以信息交易量（未预期交易量）为混合变量的混合 GARCH（GARCH－M）模型。

（4）在实证分析方面，本书对美国、英国、法国、德国、中国、中国香港地区、日本共六个国家和地区股票上投资者异质信念的存在性进行检验，并分析异质信念与投资风险、股票预期收益之间的关系。与现有关于异质信念的实证研究相比，样本选取更宽泛，实证分析结论更具有可信度。此外，目前关于异质信念的研究很少利用股指作为研究对象。本书通过对全球股票市场七个重要股票指数（道琼斯指数、富时 100 指数、CAC40 指数、DAX 指数、上证综指、恒生指数、日经 225 指数）进行相关的检验后发现，虽然异质性是一种更微观的投资者行为而股指是反映整个市场特征的综合指标，但这一宏观指标中同样也映射出了个股中所体现出来的投资者异质行为。因此，本书基于股指的异质信念研究与已有基于个股的异质信念研究可以说是相互补充的。

二、不足以及未来研究展望

本书的不足以及未来的研究主要概括为以下两个方面：

（一）个股数据的实证分析能够进一步丰富本书的结论

目前关于异质信念的研究多选取个股为研究对象，因此本书选取了股指作为研究对象，对世界六个国家和地区股票市场上的投资者异质性进行了对比分析。将本书异质信念变量的构造方法，以及构建的包含异质信念的 GARCH 模型推广到个股，基于个股的研究能够进一步丰富本书的结论。

（二）高频数据的实证分析能够进一步丰富本书的结论

欧洲、美洲、亚洲六个国家和地区股票市场上异质信念存在性的实证分析结果表明，虽然欧洲地区英国、法国、德国股票市场以及亚洲地区日本股票市场上出现了部分分段样本区间内异质信念变量系数估计值不显著的情况，但这一检验结果并不能说明在这些区间段内不存在投资者异质信念现象。基于高频数据的实证分析有可能能够捕捉到投资者异质信念的存在。

第四节 本书结构

本书共分为七章。

第一章是导论。本章主要介绍本书的研究背景与意义、研究方法和主要结论、本书创新与不足及未来研究展望、本书的结构。

第二章是文献综述。本章共分为 5 节。第一节介绍传统资产定价理论面临的挑战；第二节对异质信念下的资产定价理论与实证研究进行综述；第三节对与本书构建的包含异质信念 GARCH 模型相关的 ARCH 类模型进行了综述；第四节对混合分布假说理论和相关的实证研究进行了综述；第五节对本章的内容进行了总结。

第三章是本书构建的包含异质信念 GARCH 模型的介绍。本章共分为 3 节。第一节给出包含异质信念 GARCH 模型的定义，讨论模型的平稳性条件和参数的估计方法；第二节给出包含异质信念 GARCH－M 模型的定义，讨论模型的平稳性条件和参数的估计方法；第三节是本章内容的总结。

第四章是异质信念与投资风险关系的实证分析。本章共分为 3 节。第一节基于信息交易量构造异质信念代理变量；第二节利用包含异质信念的 GARCH 模型对世界主要股票市场上投资者异质信念的存在性以及异质信念与投资风险之间的关系进行实证检验；第三节对本章的内容进行了总结。

第五章是异质信念与股票预期收益关系的实证分析。本章共分为 3 节，第一节基于未预期交易量构造异质信念代理变量；第二节利用包含异质信念的 GARCH－M 模型对世界主要股票市场上异质信念与股票预期收益之间的关系进行实证检验；第三节是本章内容的总结。

第六章是异质信念下混合分布假说理论的实证分析。本章共分为3节。第一节是基于总体交易量的关于传统混合分布假说理论的实证分析；第二节是基于信息交易量和未预期交易量的异质信念下混合分布假说理论的实证分析；第三节是本章内容的总结。

第七章是本书的结论及政策建议。本章共分为两节。第一节概括投资者异质信念对股市风险的影响并给出了降低股票市场投资风险的政策性建议；第二节总结投资者异质信念对股票预期收益的影响并给出缓解股票价格被高估程度的政策性建议。

第二章　文献综述

第一节　传统资产定价理论面临的挑战

现代金融理论的发展起源于 Markowitz（1952）的现代资产组合理论（Modern Portfolio Theory；MPT）。现代资产组合理论将证券的收益视为一个随机变量，其均值即为预期收益，方差定义为风险。通过建立一个证券组合的“均值－方差”模型对投资者如何通过选取不同的投资组合来实现最大化的预期收益以及如何最大程度地分散投资风险进行了分析。当然，现代资产组合理论的成立需要以一定的假设条件为前提，主要包括假定市场是有效的，投资者是风险规避的，如果投资者能够获得更高的收益作为补偿，他们愿意承担更大的风险等。在 Markowitz 现代资产组合理论的基础之上，Sharpe（1964）提出了著名的资本资产定价模型（Capital Asset Pricing Model；CAPM）。资本资产定价模型作为现代金融投资理论的核心，合理描述了证券组合的期望收益率与风险之间的关系，对如何确定股票的均衡价格给出了系统性的阐述。资本资产定价模型在 Markowitz“均值－方差”模型的基础之上发展而来，因此继承了现代资产组合理论诸多严格的假设条件。同样，CAPM 假定证券市场是理性化的完全市场：市场中的投资者都是价格的接受者，市场处于完全竞争的状态；不存在税收和交易成本，信息能够免费并同时到达所有的投资者，即整个市场环境中不存在摩擦；资产能够公开交易并且是完全可分的；投资者能够以无风险利率任意进行借贷等。CAPM 关于投资者也有许多假设条件：投资者都具有理性的“均值－方差”效应函数；投资者对股票未来现金流的概率分布具有相同并且准确的估计，即同质预期。此外，现代金融理论发展过程中还有一个重要的工作是 Ross（1976）的套利定价理论（Arbitgrage Priciny Theory; APT）。APT 理论将资产定价由单因素模型扩展到多因素模型。与 CAPM 理论相比较，APT 理论避开了对市场组合有效性的检验，并且基于多因素模型计算的预期收益具有更强的实用性，能够有效分析投资者投资风险的来源、风险的大小以及风险的影响程度。因此，APT 理论是 CAPM 理论的补充和修正。

毫无疑问，上述经典传统资产定价理论在现代金融的发展过程中起到了至关重要的作用。但是伴随着金融市场的不断发展和壮大，传统资产定价理论也开始面临一个最基本的问题：传统资产定价理论是以有效市场假说和理性人假设为基础的，这些理想化的假设是否符合现实中的金融市场呢?

首先，我们来讨论有效市场假说是否符合金融市场的发展趋势。

Fama（1965）对有效市场（Efficient Market）进行了定义，认为在一个有效市场中，存在着大量理性的、追求利润最大化的投资者，这些投资者都能轻易获取到市场中的重要信息，并利用获取的信息来预测单个证券的未来市场价格，积极参与市场中的交易。在此基础上，Fama（1970）提出了有效市场假说（Efficient Market Hypothesis; EMH）。根据有效市场假说，证券市场中的投资者在参与交易时能够迅速并有效地利用所获得的信息，因此，所有已知的对证券价格能够产生影响的因素都会反映在当前的证券价格水平之中，即在一个证券市场中，价格能够完全反映所有可以获得的信息，我们就称这一市场是有效的市场。

Fama（1970）根据市场对信息反映的强弱将有效市场划分为 3 种水平，依次为弱式有效市场、半强式有效市场、强式有效市场。

在弱式有效市场（Weak - Form Efficient Market）中，历史交易价格或者交易量中隐含的所有信息都在证券价格中显现出来，因此，如果投资者试图通过分析证券的历史价格来获取超额利润将无利可图。因为，此时仅仅利用当前和历史价格是不可能对未来价格做出有效预测的，如果想获取超额回报，可行的方式只有去寻找历史价格信息以外的其他信息。弱式有效市场中，信息在从产生到公开的过程中存在效率损失，也就是说存在内幕消息，这样，无疑投资者对信息进行评价并做出选择的效率也将受到损失。因此，在弱式有效市场中，由于信息披露过程的效率损失带来了内幕消息，并不是所有的投资者都能够对市场中披露的信息做出及时和理性的分析，只有那些具备较强分析能力或者能够掌握专门分析工具的专业分析人员才能合理地评价市场中披露的信息。在弱势有效市场中，对证券价格的技术分析已经失去了作用，投资者利用基本面分析方法进行投资可能还可以获得超额收益。

半强式有效市场（Semi - Strong - Form Efficient Market）中，所有公开的信息（包括证券的成交价格、交易量，公司的管理状况、财务状况，宏观经济政策以及经济形势等）都已经充分反映在当前的证券价格之中。因此，在半强式有效的市场中，基于公开信息的分析将不再有任何作用，技术分析和基本面分析都将失效。因为，目前的证券价格是反映了当前所有公开信息的最合理价格，未来价格的变化将依赖于以后新公开的信息。在半强势有效的市场中，只有获取内幕消息的投资者才能够获得超额利润。

强式有效市场（Strong - Form Efficient Market）中，证券价格能够充分及时地反映所有的相关信息，这些信息包括公开信息以及内幕信息，这样任何投资者都不可能再通过对公开信息或者内幕信息进行分析来获取超额利润。在强式有效的市场中，信息在产生、公开以及处理和反馈的过程中几乎不存在效率损失。公开信息准确无误并且投资者对信息的处理和反馈也是准确的，最终证券市场中的每一位投资者都获取了关于证券的所有信息，他们对证券价值的判断将是一致的，证券价格能够反映出市场中所有的即时信息。因此，在强势有效的市场中投资者采取任何方法都不能获取超额利润。

对于有效市场的3个分类水平，由于强式有效市场的假设条件相对极端，现实的证券市场一般很难达到这一状态，因此，针对市场有效性的检验一般都是在检验弱势有效和半强势有效这两种情形。20 世纪 80 年代之前的实证检验结果基本支持弱势有效市场和半强势有效市场的假设，但是 20 世纪 80 年代之后，资本市场上出现的许多金融异象对有效市场假说提出了挑战。有效市场假说主要面临三个方面的理论挑战：首先，投资者不是完全理性的。其次，投资者的非理性状态并不是偶然的偏离理性，而可能是一种经常性的偏离。再次，非理性投资者的存在可能使得套利机会也面临着不可预知的风险。

与此同时，由实证检验所支持的弱势有效市场和半强势有效市场也面临着一系列的挑战。

De Bondt 和 Thaler（1985）指出股票市场存在长期“反转效应”，对弱势有效市场的假设提出了质疑。文章选取纽约证券交易所和芝加哥大学证券价格研究中心 1926 年 1 月至 1982 年 12 月股票交易数据，并根据各股票在样本区间前 3 年的累积超额收益对其进行排序。排序后将前 3 年累积收益中最高的 35 只股票视为一组称之为“赢家”组合，而收益最低的 35 只股票视为另一组称之为“输家”组合。分组确定后，对每个分组在接下来样本区间内每 3 年的平均收益进行观察，发现输家组合的年平均累计剩余收益竟然表现出比赢家组合高出约 25%。Jegadeesh 和 Titman（1993）又发现股票价格存在短期“动量效应”异象。他们选取纽约证券交易所 1965 年至 1989 年的交易数据进行实证分析后发现，在过去 3 个月到 12 个月期间，绩效表现差的股票在将来的 3 到 12 个月里仍然表现较差。这样，买进过去表现最好的股票，同时卖出表现最差的股票，能够形成一个零成本的股票投资组合。通过实证检验发现，如果投资者买进过去 3 到 12 个月内表现最好的股票，同时卖出过去 3 到 12 个月内表现最差的股票，在将来的 3 到 12 个月内可以获得显著的正收益。显然长期反转异象和短期动量效应异象违背了根据历史信息不能获得超额收益的弱势有效市场假说。

此外，也有一些异象对半强势有效市场的合理性提出了质疑。Banz（1981）发现存在“小规模效应”异象。对于纽约股票交易所的股票数据，按照公司规模的大小将其分为五组，结果发现，规模最小的一组股票其平均收益要比最大一组高出 19.8%。如果排除风险因素，这一现象将更加明显。Bernard 和 Thomas（1989）对纽约证券交易所和美国证券交易所 1974 年至 1986 年的股票数据进行观察，发现盈余公告日后 60 天，利好消息股票比利空股票的平均收益高出 4%，盈余公告后股市对公告信息存在着长期的“过度反应”异象。小规模效益和过度反应异象都是对半强势有效市场的挑战。

以上我们对与有效市场假说不一致的典型金融异象进行了分析。与有效市场假说类似，理性人假说也存在与现实金融市场相背离的情形。在金融市场中，投资者的行为往往会偏离理性人假说关于投资者是风险厌恶、追求效用最大化以及理性预期等假设条件，市场中的多数投资者都是有限理性的。关于投资者的有限理性，心理学家从投资者的信念（认知偏差）和偏好两个方面给出了相应的解释。

关于信念，Tversky 和 Kahneman（1974）对投资者在不确定条件下的预期行为特征——“直觉偏差”（Heuristic Bias）进行了阐述。投资者在实际决策的过程中往往会因为自身行为准则的不完全理性导致投资行为出现偏差。一个典型的例子，如果某些公司近期表现出了盈余的高速增长，投资者会相信这些公司在将来也会有较高的利润盈余。那么，投资者的这种认知偏差便会导致他们非理性地购买这些公司的股票，最终股票的价格会被抬高。但是从长期来看，被抬高的股票价格必然会回落到合理的水平，而不是一直居高不下。De Long 等（1990）（DSSW）认为投资者是不同质的，将投资者区分为两类：专业投资者（Sophisticated Investors）和噪声交易者（Noise Traders）。专业投资者能够对风险资产的预期收益做出合理的分析和判断，是理性的投资者。而噪声交易者对资产的未来收益并不确定，所做出的判断必然会存在偏误，因此，市场中噪声交易者的存在可能会降低专业投资者的投资意愿和套利能力。类似的，Shefrin（1994）将投资者区分为信息交易者和噪声交易者。假定信息交易者基于对贝叶斯法则的不断学习来对资产的收益做出判断，而噪声交易者则是基于非贝叶斯法则对资产价格进行评价，因此便会产生认知偏差。基于此，Shefrin（1994）给出了基于信息交易者和噪声交易者的行为均值方差理论、期权定价理论和期限结构理论。Barberis 等（1998）（BSV）认为市场中存在趋势过程和均值逆反过程两种不同的状态，投资者对市场的判断是在这两种状态间的转移，转移的过程是一个马尔科夫过程。通过建立一个包含投资者情绪的资产价格模型分析了过度反应和反应不足两类金融异象的产生。Daniel 等（1998）（DHS）对金融市场上出现的异象：过度反应和反应不足做出了解释，认为投资者过度自信会使得他们对私人信息产生过度反应。不仅如此，投资者的过度自信还会带来资产收益序列的长期负相关和收益率序列较高的波动性。同时，投资者会根据自己的投资业绩来不断调整自我归因（Self - Attribution）的方式，一般表现为短期会保持自己的投资理念，造成股票收益短期内正相关，表现为投资者对市场内公共信息的反应不足。因此，Daniel 等（1998）得出结论：投资者的过度反应和反应不足源于投资者的过度自信偏差和自我归因偏差。Hong 和 Stein（1999）（HS）将市场中的交易者区分为信息观望者和动量交易者两个类别。认为信息的到达是一个渐进的传播过程，由于信息交易者只基于接收到的信息进行交易，短期内价格会表现为反应不足。动量交易者则只是基于历史价格进行套利，因此，在全部信息交易者都接收到市场中渐进传播的信息时，动量交易者的套利行为会导致价格的过度反应。

关于偏好，心理学家指出，投资者在进行风险评估时对风险和收益所持有的主观偏好并不一定遵循 Von Neumann - Morgenstern（VNM）偏好。Kahneman 和 Tversky（1979）提出的前景理论（Prospect Theory）对传统预期效用函数理论进行了修正。假定随机事件服从分布：

$$(x,p;y,q) , x,y > 0 , p + q = 1 ,$$

则消费者对该事件的价值判断为：

$$\pi(p)v(x) + \pi(q)v(y) ,$$

其中，$v(\cdot)$ 为价值函数，$\pi(\cdot)$ 为决策权重函数。

与传统期望效用函数理论进行对比会发现：首先，价值函数 $v(\cdot)$ 与最终的财富无关，是关于收益和损失的函数；其次，价值函数 $v(\cdot)$ 是收益的凹函数，但同时是损失的凸函数，在原点处存在拐点。价值函数的特点可以概括为：大部分消费者在面临收益时表现为风险规避，在面临损失时表现为风险偏好。当面临收益和风险时，消费者会表现出对损失更加敏感。决策权重函数的重要特征则是它的非线性性质，表明消费者对小概率事件是过度重视的，即有：$\pi(p) > p$ 。

综上所述，伴随着金融市场的逐步发展和壮大，有效市场假说和理性人假说作为传统资产定价理论的基础，开始面临着诸多挑战。本书正是基于这一背景从投资者信念的角度出发，检验世界主要股票市场上投资者异质信念的存在性并在此基础上分析异质信念与投资风险、股票预期收益之间的关系。因此，本章的第二节对异质信念下的资产定价理论与实证研究进行了综述。

第二节　异质信念下的资产定价理论与实证研究

一、异质信念下的资产定价理论研究

传统资产定价理论以投资者同质信念作为假设条件，认为在相同的持有期下，投资者对相同资产的预期收益分布会做出相同的判断。同质信念

的假设前提可以概括为：首先，全部信息可以在相同的时间内免费被投资者所接收；其次，投资者采取同样的方式对信息进行处理。显然，同质信念只是一种理想化的假设前提，用异质信念来刻画资本市场上投资者的实际预期更为合理。目前，关于异质信念的研究在理论模型和实证分析方面都取得了一定程度的进展。

Miller（1977）首先指出，投资者异质信念的前提下，卖空限制的存在使得悲观投资者不能充分参与市场中的交易，因此股票价格将主要表现为反映乐观投资者的评价，因此，相对于其真实价值，股票价格将会被高估。投资者异质信念的程度越强，所受卖空限制的程度越严重，股票预期收益越低。

Miller（1977）基于图 2－1 形象描述了在股票市场受到卖空限制以及投资者异质信念的假设前提下股票价格的变化过程。

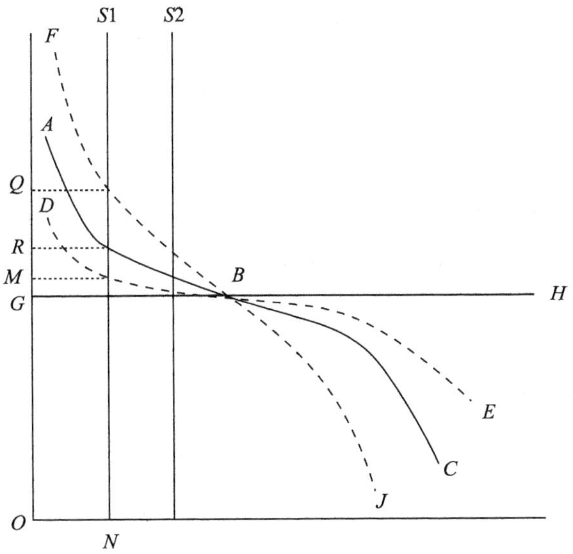

图 2－1　异质信念、卖空限制与股票价格

注：图 2－1 引自 Miller E.，Risk，Uncertainty and Divergence of Opinion，Journal of Finance，1977，32（4）：1151。横轴表示股票的数量，纵轴表示股票的价格。

图2－1中，曲线ABC可以视为不同价格下，投资者愿意持有的股票份额数即需求曲线，竖直线$S1$代表投资者持有的股票份额，为供给曲线。假定每个投资者只能购买的股票份额为一份且共有N份，则均衡状态下的股票价格应为R。假设投资者异质信念的程度增强，曲线ABC变为FBJ，则市场出清价格由R增加为Q。类似的，如果投资者异质信念的程度减弱，曲线ABC变为DBE，出清价格则降低为M。极端的情况下，如果投资者之间不存在异质信念，则曲线ABC变为水平直线GBH，均衡价格为G，只有这种情况下股票价格代表的才是市场中所有投资者的平均估价，这一价格可以视为股票的真实价值。同时，如果考虑卖空，允许卖空的情况下相当于增加市场中股票的供给，供给曲线向右移动，由$S1$变为$S2$。显然，投资者异质信念程度的增强和卖空限制程度的增加都会使得股票价格高于其真实价值。

Harrison和Kreps（1978）给出了一个简单的例子来描述再售期权的形成机制。假设市场中有两组投资者，分别记为投资者Ⅰ和投资者Ⅱ，他们在每一期所获得的股利为0或者1，假设a（a = Ⅰ，Ⅱ）组投资者由状态d转换到d'时，估价的概率为$q^a(d,d')$，$d,d' \in \{0,1\}$，定义转移矩阵：

$$Q^a = \begin{bmatrix} q^a(0,0) & q^a(0,1) \\ q^a(1,0) & q^a(1,1) \end{bmatrix}, \quad a = \text{Ⅰ},\text{Ⅱ},$$

设第Ⅰ组投资者的转换矩阵为，$Q^{\text{Ⅰ}} = \begin{bmatrix} \frac{1}{2} & \frac{1}{2} \\ \frac{2}{3} & \frac{1}{3} \end{bmatrix}$，

第Ⅱ组投资者的转换矩阵为，$Q^{\text{Ⅱ}} = \begin{bmatrix} \frac{2}{3} & \frac{1}{3} \\ \frac{1}{4} & \frac{3}{4} \end{bmatrix}$，

贴现率$\gamma = 0.75$。

定义 $p^a(d)$ 为在 $d(d=0,1)$ 状态时，投资者 $a(a=\text{I},\text{II})$ 对未来股利预期现值的估价，则有：

$$p^{\text{I}}(0)=4/3=1.33\quad,\quad p^{\text{I}}(1)=11/9=1.22$$

$$p^{\text{II}}(0)=16/11=1.45\ ,\quad p^{\text{II}}(1)=21/11=1.91$$

可见，在两种状态下，第Ⅱ组投资者对未来股利预期现值的估价都要比第Ⅰ组投资者高。我们或许会认为，第Ⅱ组投资者会一直持有股票并且股票在每种状态 d 下的价格是 $p^{\text{II}}(d)$ 。如果第Ⅰ组投资者能够预期到这一情形，市场将无法达到均衡状态。为了能够在瞬间转换到状态 1 时以 1.91 的价格卖出股票，投资者Ⅰ会在状态 0 时购买股票，这样投资者Ⅰ在状态 0 时对未来股利预期现值的估价为：

$$\left[\left(\frac{1}{2}\right)(0.75)+\left(\frac{1}{2}\right)^2(0.75)^2+\cdots\right](1+1.91)=1.75$$ [①]

投资者Ⅰ在状态 0 时的估价大于在状态 0 时股票的购买价格 1.45。因此，如果股票在状态 1 时的价格为 1.91 或者更高，状态 0 时的价格则至少是 1.75，这一价格高于投资者Ⅰ在状态 0 时的估价，也高于投资者Ⅱ在状态 0 时的估价，价格高出的部分主要是因为投资者Ⅰ认为能够在瞬间转换到状态 1 时以 1.91 的价格卖出股票的预期，这种股票能够以更高价格出售给更乐观投资者的机会价值就是再售期权。

Varian（1985）在假定投资者拥有不同主观概率的前提下对一个 Arrow – Debreue 模型进行了讨论。在 Arrow – Debreue 均衡中，资产价格仅依赖于总消费和主观概率的分布。假设在供给固定的情况下，每一个消费因所受限制至多只能购买一单位的资产，且投资者对资产持有不同的保留价格。图 2 – 2 对不同主观概率前提下，均衡价格的变化进行了描述。

图 2 – 2 中，D 表示需求曲线，S 为供给曲线，均衡价格为 P 。如果保

---

① 具体计算方法参考 Harrison 和 Kreps（1978）的模型分析。

留价格变得更加分散，也就是悲观投资者认为资产的价值应该更低，而乐观投资者则认为资产的价值应该更高，此时需求曲线变为 D' ，均衡价格降低为 P' 。Varian（1985）进一步指出，如果投资者具有相同的偏好，则只要他们风险规避的程度不会迅速减弱，主观概率分散程度高的资产会具有更低的价格。异质信念程度的增强会带来均衡资产价格的降低，因此投资者异质信念与预期资产收益具有正相关关系。

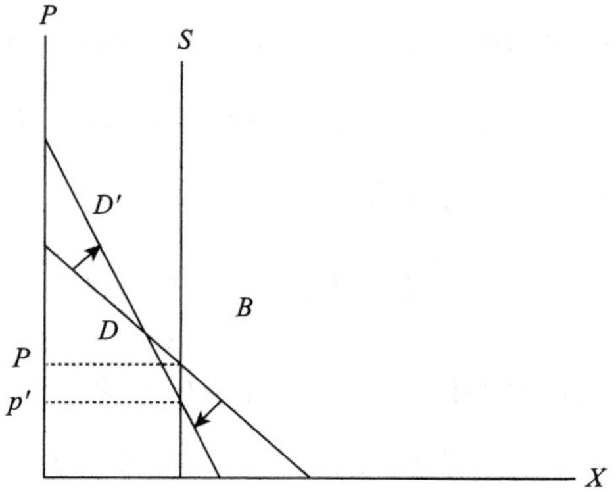

图 2－2　异质信念与均衡价格

注：图 2－2 引自 Varian，H. R.，“Divergence of Opinion in Complete Markets：A Note”，The Journal of Finance，1985，40（1）：314. 横轴表示资产的数量，纵轴表示资产的价格。

Harrison 和 Kreps（1978）关于投资者异质信念的研究将投资者视为风险中性的，对风险资产的价值具有异质的预期，并且不能卖空。Morris（1996）考虑了 Harrison 和 Kreps（1978）所建立模型的一种特殊情形，假定投资者起初对资产基本价值的评价具有差异性，即投资者之间存在“先验的”差异性，但是投资者在不断学习的过程中最终会达成一致的意见，在学习之前即使是轻微的先验性差异也有可能带来大规模的投机溢价（Speculative Premium）。在学习的过程中，如果一个投资者是乐观的，那么在每一期交易之后，他对资产的估价都是最高的。另一方面，如果不存在乐观投资者，那么价格总是会超过每一个投资者的基本估价，但随着时间的推移，价格和投资者的评价最终会趋于客观的基本价值。可见，如果投资者信念的差异性源于先验因素的影响，即使因为再售出期权的原因带来了投机泡沫，投资者也可以在不断学习的基础上预期到真实的资产收益分布情况，这样资产价格会逐渐接近其真实价值。当然，Morris（1996）仅是从先验因素这一角度考虑了异质信念下资产价格与其真实价值的关系，如果同时考虑另外两个因素即渐进的信息传播过程和投资者有限的关注程度，那么相对于真实价值，资产价格可能会有偏离。

Hong 和 Stein（1999）认为资产市场中有两类不同的交易者，一类是信息交易者（News Watchers），另一类是动量交易者（Momentum Traders），这两类交易者都是有限理性的。信息交易者基于观察到的关于未来基本面的信息进行交易，并不考虑当前和过去的价格。而动量交易者则是基于历史交易价格进行交易，因此他们对资产收益的预测只是基于过去历史价格的简单函数。进一步，假定私有信息在信息交易者之间渐进流动。因此，当只有信息交易者参与市场的时候，价格对于新信息的反应较慢，相对于真实价值将是低估的。但如果同时加入动量交易者，由于动量交易者只是基于历史价格进行交易，他们的存在则有可能会使市场达到一种近似有效的状态。但是，当动量交易者试图通过信息交易者对价值的低估来获利的时候，起初价格的反映确实是会向着基本面的方向增加，但同时也会造成价格相对于信息过度反应。例如，在 T 时刻，假定市场中只有一个好消息，并且消息过后基本面没有发生变化。在 T 时刻，信息交易者观察到这一利好消息，会使得 $T+1$ 期的价格上涨但仍然低于长期的价值，即价格会反应不足（Underreaction）。在 $T+1$ 时刻，有一批动量交易者会购买这一资产，此时参与交易的动量交易者会获利，但动量交易者的交易行为同时会导致价格有进一步的增长，这同时又会诱使更多的动量交易者购买该资产，如此下去，最后在某一 $T+i(i>1)$ 时刻，由于价格已经超过真实价值，将会导致价格出现过度反应（Overreaction），这一批动量交易者会有所损失。因此，Hong 和 Stein（1999）从信息渐进传播的角度分析了投资者的交易行为对价格的影响，为价格的持续性动量现象做出了合理的解释。

Hong 和 Stein（2003）从投资者有限注意这一角度分析了市场崩溃的原因。假定市场中存在两类非完全理性的投资者 A 和 B，A、B 两类投资者都从市场中获取股票的私有信息，但是 A 和 B 各自只相信自己观察到的信息是最有效的，因此只关注自己的信息，即他们是有限注意的。这样，A 和 B 两类投资者对资产就有不同的估价，因而是异质信念的。除了投资者 A 和 B 以外，同时市场中还存在一类完全理性、风险中性的套利者，由于投资者 A 和 B 受卖空限制的约束，套利者有时可能并不能观察到他们的估价。假定在第 1 期，投资者 B 得知了一个悲观的信息，那么由于受卖空限制的约束，投资者 B 将不会参与市场中的交易，整个市场中只有投资者 A 和套利者之间进行交易。虽然理性套利者此时知道 B 的估价比 A 低，但因为 B 没有参与交易，套利者无法获知具体的估价，因此在 1 期，市场价格反映了 A 的估价但并没有完全反映 B 在第 1 期的估价。如果在第 2 期，投资者 A 得知了一个利好的消息，那么 A 仍然是乐观的，在第 2 期，B 在第 1 期的悲观信息仍然是被隐藏的。但如果在第 2 期，A 得知了一个坏消息，此时套利者将会通过观察 B 是否进入市场来判断第 1 期 B 观察到的信息与第 2 期 A 观察到的信息哪一个更加悲观。只要 B 仍然未进入市场，套利者就会判断出第 1 期 B 的信息是更悲观的，价格会进一步下降。如果在股价下降的过程中，B 能够成为 A 的边际支持买家，更多的投资者就会了解到他们的信息，不断积累并隐藏的信息有可能会在市场下跌的过程中得以释放，因此可能会带来市场的暴跌甚至是崩溃。

更具体的，设投资者 B 在第 1 期观察到的信息集为 S_B，且 $S_B \sim U[0, 2V]$，投资者 A 在第 2 期观察到的信息集为 S_A，且 $S_A \overset{\text{iid}}{\sim} U[H, 2V + H]$

(其中, H 可视为对投资者异质信念的事前度量)。由于套利者是风险中性的，那么第0期套利者对股票价格的事前预期为, $P_0 = V + \frac{H}{2}$。

在第1期，如果仅有的私有信息被B获知，那么会有以下两种情况：第一种情况：如果B的信息被揭露出来，则有，

$$P_1 = \frac{V + H + S_B}{2}$$

第二种情况，如果B的信息是隐藏的，即当 $S_B \leqslant S_B^* = \frac{2(V+H)}{3}$ 时，

$$P_1 = \frac{V+H}{2} + \frac{S_B^*}{4} = \frac{2(V+H)}{3}$$

在第2期，则可以详细区分为6种情形，具体的情形，如图2－3所示。

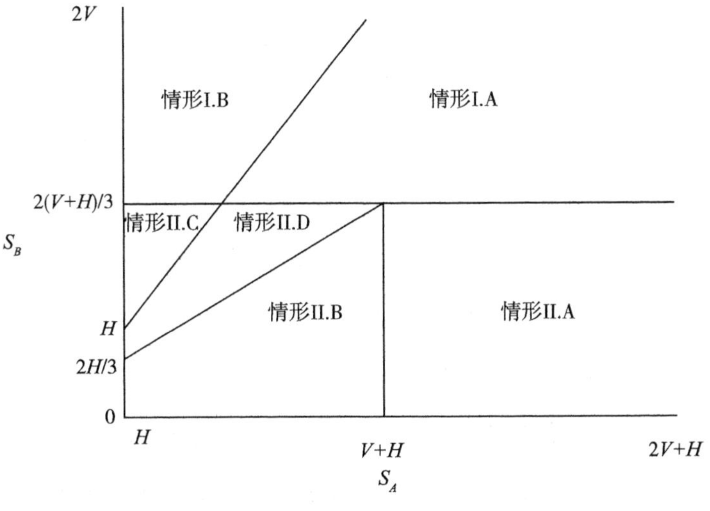

图2－3 投资者A、B的信息被隐藏或者揭露时的六种不同情形

注：图2－3引自 Hong，H.，J. C. Stein，“Differences of Opinion，Short－Sales Constraints and Market Crashes”，The Review of Financial Studies，2003，p501.

图2－3中的六种情形分别为：

情形Ⅰ.A：S_B 在第1期被揭露，S_A 在第2期被揭露；

情形Ⅰ.B：S_B 在第1期被揭露，S_A 在第2期被隐藏；

情形Ⅱ.A：S_B 在第1期被隐藏，S_A 在第2期被揭露，S_B 第2期被隐藏，且 $S_B \leqslant S_B^* = \frac{2(V+H)}{3}$；

情形Ⅱ.B：S_B 在第1期被隐藏，S_A 在第2期被揭露，S_B 在第2期被隐藏，且 $S_B \leqslant S_B^{**} = \frac{2S_A}{3}$；

情形Ⅱ.C：S_B 在第1期被隐藏，S_A 在第1期被隐藏，S_B 在第2期被揭露；

情形Ⅱ.D：S_B 在第1期被隐藏，S_A 和 S_B 在第2期被揭露。

基于上述六种情况，得出第1期的均衡价格 P_1 和第2期的均衡价格 P_2。因此有从第0期到第1期，由于悲观信息在第1期被隐藏，价格最大可能的上升幅度$\left(\frac{V}{2}\right)$将大于下降幅度$\left(\frac{V}{3}-\frac{H}{6}\right)$，而从第1期到第2期，价格最大可能的下降幅度$\left(\frac{2V}{3}\right)$将大于上升幅度$\left(\frac{V}{2}\right)$。同时，由于异质信念的存在使得收益序列表出现了不对称的分布特征。在第1期由于悲观信息被隐藏而出现正偏，在第2期，如果 S_B 在第1期是被隐藏的则收益序列负偏，但如果 S_B 在第1期是被揭露出来，则收益序列有轻微的正偏。异质信念程度越强，S_B 被隐藏的可能性更大，短期收益更有可能出现负偏。

Scheinkman 和 Xiong（2003）给出了一个连续时间的均衡模型，指出由于投资者的过度自信使得投资者对资产基本面的评价产生了意见分歧。

假设存在风险资产，其股利由两部分组成：决定未来股利的基本面因素变量和噪声。股利满足如下过程：

$$dD_t = f_t dt + \sigma_D dZ_t^D$$

其中，Z^D 是标准的布朗运动过程，σ_D 是常数波动参数，f 是不可观测的基本面因素变量，满足：

$$df_t = -\lambda(f_t - \bar{f})dt + \sigma_f dZ_t^f$$

其中，$\lambda \geqslant 0$ 是均值回归参数，$\bar{f}$ 是 f 的长期均值，$\sigma_f > 0$ 是常数波动参数，Z^f 是标准的布朗运动过程。

假设有两类风险中性的投资者 A 和 B，他们能观察到信号 s^A 和 s^B，但是投资者 A 只将 s^A 视为自己的信号，并认为 s^A 满足如下过程，

$$ds_t^A = f_t dt + \sigma_S \varphi dZ_t^f + \sigma_S \sqrt{1-\varphi^2}\, dZ_t^A$$

类似地，投资者 B 认为 s^B 满足如下过程，

$$ds_t^B = f_t dt + \sigma_S \varphi dZ_t^f + \sigma_S \sqrt{1-\varphi^2}\, dZ_t^B$$

可以将 $\varphi(0 < \varphi < 1)$ 视为过度自信的参数。

定义 g^A 和 g^B 为异质信念：

$$g^A = \hat{f}^B - \hat{f}^A\,,\ g^B = \hat{f}^A - \hat{f}^B$$

均衡资产价格为：

$$p_t^o = p^o(\hat{f}_t^o, g_t^o) = \frac{\gamma}{} + \frac{\hat{f}_t^o - \bar{f}}{\gamma + \lambda} + \sup_{\tau \geqslant 0} E_t^o \left\{ \left[\frac{g_{t+\tau}^o}{\gamma + \lambda} + q(g_{t+\tau}^{\bar{o}}) - c \right] e^{-\gamma\tau} \right\}$$

其中，$o \in \{A, B\}$，$\bar{o}$ 代表其他投资者。

则再售期权的价值为 $q(g_t^o) = \sup_{\tau \geqslant 0} E_t^o \left\{ \left[\frac{g_{t+\tau}^o}{\gamma + \lambda} + q(g_{t+\tau}^{\bar{o}}) - c \right] e^{-\gamma\tau} \right\}$，可以视为执行价格为 $\frac{g_{t+\tau}^o}{\gamma + \lambda} + q(g_{t+\tau}^{\bar{o}}) - c$ 的看涨期权。可见，在卖空限制的约束下，只要资产购买者认为有比他们更乐观的投资者，便会购买能够向更乐观投资者卖出资产的期权。投资者的出价会高于他们对未来股利的估价，因为他们相信将来能够找到愿意为该资产支付更高价格的购买者。因此，即使在异质信念程度很低时，只要能促成交易，就会给资产价格带来明显的泡沫成分。

基于 Scheinkman 和 Xiong（2003）关于过度自信是投资者异质信念根源的推断，Hong 等（2006）通过建立一个离散时间的多期模型研究了投

资者异质信念和卖空限制情况下资产泡沫和投机泡沫之间的关系。假定有两类投资者 A 和 B，在第 0 期和第 1 期对资产进行交易，第 2 期支付股利 $\hat{f}$。

在第 0 期，两组投资者对 $\hat{f}$ 持有不同的先验异质信念，分别有，

$$f_0^A \sim N(\hat{f}_0^A, 1/\tau_0), f_0^B \sim N(\hat{f}_0^B, 1/\tau_0)。$$

在第 1 期，投资者收到两条公共信息，

$$s_f^A = \hat{f} + \varepsilon_f^A, s_f^B = \hat{f} + \varepsilon_f^B。$$

那么，第 1 期，投资者的异质信念，分别有，

$$f_1^A \sim N(\hat{f}_1^A, 1/\tau), f_1^B \sim N(\hat{f}_1^B, 1/\tau),$$

即：

$$\hat{f}_1^A = \hat{f}_0^A + \frac{\varphi\tau_\varepsilon}{\tau}(s_f^A - \hat{f}_0^A) + \frac{\tau_\varepsilon}{\tau}(s_f^B - \hat{f}_0^A)$$

$$\hat{f}_1^B = \hat{f}_0^B + \frac{\tau_\varepsilon}{\tau}(s_f^A - \hat{f}_0^B) + \frac{\varphi\tau_\varepsilon}{\tau}(s_f^B - \hat{f}_0^B)$$

其中，φ 可以视为代表投资者过度自信的参数。

异质信念下，第 0 期投机泡沫为：

$$B_H\left(\hat{f}_0^A, \hat{f}_0^B, \frac{Q}{\eta\tau}\right) = \begin{cases} \dfrac{\hat{f}_0^A - \hat{f}_0^B}{2} + E_0^A\left[H\left(l_1^A, \dfrac{Q}{\eta\tau}\right)\right] & , case\ 1 \\ \dfrac{(\sum^A - \sum^B)}{\sum^A + \sum^B}\dfrac{(\hat{f}_0^A - \hat{f}_0^B)}{2} & \\ + \dfrac{\sum^B}{\sum^A + \sum^B}E_0^A\left[H\left(l_1^A, \dfrac{Q}{\eta\tau}\right)\right] & \\ + \dfrac{\sum^A}{\sum^A + \sum^B}E_0^B\left[H\left(l_1^B, \dfrac{Q}{\eta\tau}\right)\right], & case\ 2 \\ \dfrac{\hat{f}_0^B - \hat{f}_0^A}{2} + E_0^B\left[H\left(l_1^B, \dfrac{Q}{\eta\tau}\right)\right] & , case\ 3 \end{cases}$$

其中，Q 为流通股份额，用来衡量资产泡沫。

在第一种情况下，投资者 A 为乐观投资者并在第 0 期持有所有的份额。此时泡沫由 A、B 投资者的初始异质信念以及投资者 A 对第 1 期再售期权的预期价值两部分所决定。

在第二种情况下，第 0 期，A、B 投资者均选择长期持有股票，因此，泡沫是 A、B 投资者再售期权的加权平均。

第三种情况与第一种类似，此时投资者 B 为乐观投资者并在第 0 期持有所有的份额，泡沫由 A、B 投资者的初始异质信念以及投资者 B 对第 1 期再售期权的预期价值两部分所决定。

此外，Hong 等（2006）还讨论了股票存在锁定期限时的情况，市场中的投资者除了包括 A、B 投资者（称为外部投资者）外还包括理性的内部投资者（在股票锁定期到期之时，内部投资者可以交易他们持有的股票份额）。此时，由于内部投资者的卖出行为给股票价格带来了更大的投机性成分，因此即使是在投资者提前获知股票锁定期到期日的情况下，股票价格在到期日也会倾向于下跌。Hong 等（2006）进一步指出，投资者由于过度自信产生异质信念并受到卖空限制约束的情况下，资产的价格最终会超过其基本价值。首先，由于投资者初始异质信念的差异，在卖空限制的影响下，悲观投资者无法参与交易会导致价格主要表现为乐观投资者的评价，因此价格会升高，这一造成价格上涨的原因被称为“乐观效应”。此外，由于投资者预期到将来会有其他投资者愿意以更高的价格购买他们持有的股票。因此，在前一期投资者会以超出他们对未来股利估价的价格买进股票，导致价格升高，这一造成价格上涨的原因被称为“再售期权效应”。乐观效应与再售期权效应也是投机泡沫产生的原因。股票投机泡沫会伴随资产泡沫的增大而迅速减小，股票换手率和收益波动率也会伴随资产泡沫的增大而减小。

Hong 和 Stein（2007）对异质信念的形成机制进行了分析，认为投资者的异质信念主要源于信息的“渐进”传播过程、投资者的“有限”关注以及投资者之间存在的“先验”性差异。新信息从产生到被投资者所接收必然会经历一个传播的过程，而信息在传播的过程中又会受到多种不确定性因素影响。市场中的投资者不可能在新信息产生后就立刻接收到这一信息，也不可能在相同的时间里接收到该信息，信息的流动是一个逐步扩散的“渐进”流动过程。因此，投资者之间会因为接收到同一信息时间先后的差异而做出不同的预期，是异质信念的。只要不是处于绝对的封闭状态，投资者每天都会接收到大量的信息。由于精力或者时间以及自身方面（例如过度自信等）的限制他们不可能会去处理所有的信息，只能有选择性地关注比较有价值的或者感兴趣的有限的信息。投资者对信息的这种“有限”关注也是造成他们信念差异的原因。此外，即使投资者之间在获取和关注信息方面并不存在差异，也不可能对资产做出完全相同的预期和评价。投资者在成长环境、受教育经历等方面的差异构成了他们本身固有又很难发生瞬间改变的异质性，这种“先验的”差异性最终会导致投资者对资产做出不同的预期和判断。

此外，Hong 和 Stein（2007）通过建立一个关于异质信念的模型解释了动量效应和交易量形成的原因。假定有一只股票在第 2 期支付清算股利 D ，$D = A + B$ ，其中，A 和 B 是两个独立的零均值正态分布随机变量，也可以看作两个不同信息的期望值。在第 0 期，A 和 B 是未知的，因此，此时 D 的期望值为 0。简单起见，假定利率为 0，持有股票不存在风险溢价，那么第 0 期股票的价格 p_0 也为 0。在第 1 期，如果有 f 比例的投资者观察到了信息 A ，$1 - f$ 比例的投资者观察到了信息 B ，并且观察到信息 A 的投资者错误地认为 $D = A$ ，观察到信息 B 的投资者错误的认为 $D = B$ ，即信息是渐进传播的并且投资者只能注意到有限的信息。在股票供给数量很小，且投资者可以无摩擦地短期或长期持有股票的假设前提下，第 1 期股票价格为：

$$p_1 = fA + (1-f)B$$ 。

从第 0 期到第 1 期的收益为：$R_1 = P_1 - P_0 = fA + (1-f)B$ ，

从第 1 期到第 2 期的收益为：$R_2 = D - P_1 = (1-f)A + fB$ 。

用 R_1 和 R_2 的协方差来描述动量，即：$M = \text{cov}(R_1, R_2) = f(1-f)(v_A + v_B)$，

其中，v_A 和 v_B 分别是信息 A 和 B 的方差。

可以发现，动量通常为正，且在 $f = (1-f) = 1/2$ 时达到最大。这意味着在第 1 期一个正（负）的收益通常会紧接着在 2 期也有一个正（负）的收益。此外对于预期交易量（ EV ），满足：

$$EV \approx f(1-f)E(|A-B|)$$

同样，预期交易量在 $f = (1-f) = 1/2$ 时达到最大。

显然，如果在第 1 期，所有的投资者只关注信息 A 或者只关注信息 B ，即 $f = 0$ 或者 $f = 1$ ，即投资者之间不存在异质信念时，将不会产生交易行为。即使价格相对于基本价值不会发生很大变化，由于异质信念的存在，也会产生大量的交易行为，异质信念促成了大规模交易量的产生。

Xiong 和 Yan（2009）建立了一个债券市场上两类投资者具有异质信念的动态均衡模型。假设有一类简单的消费品，该消费品的总禀赋满足：

$$\frac{dD_t}{D_t} = \mu_D dt + \sigma_D dZ_D(t)$$

其中，μ_D 和 σ_D 是常数，$Z_D(t)$ 是一个标准的布朗运动过程。假设价格水平 p_t（例如 CPI 指数等）满足：

$$\frac{dp_t}{p_t} = \pi_t dt$$

π_t 是通货膨胀率。π_t 是一个线性扩散过程，满足：

$$d\pi_t = -\lambda_\pi(\pi_t - \theta_t)dt + \sigma_\pi dZ_\pi(t)$$

λ_π 是均值回归参数，θ_t 为通货膨胀率的长期均值，σ_π 为波动率参数，$Z_\pi(t)$

是标准的布朗运动过程且与 $Z_D(t)$ 相互独立。长期均值 θ_t 无法观测，服从 Ornstein - Uhlenbeck 过程，即：

$$d\theta_t = -\lambda_\theta(\theta_t - \bar{\theta})dt + \sigma_\theta dZ_\theta(t)$$

λ_θ 是均值回归参数，$\bar{\theta}$ 是 θ_t 的长期均值，σ_θ 是波动率参数，$Z_\theta(t)$ 是标准的布朗运动过程且与 $Z_D(t)$ 和 $Z_\pi(t)$ 相互独立。直观上看，我们可以认为 π_t 是当前的通货膨胀率，θ_t 是不能被公众观测到的货币当局的通胀目标。

假定有两组投资者 A 和 B，在信息集 $\{\pi_\tau, S_\tau\}_{\tau=0}^{t}$ 下，投资者对关于通胀目标 θ_t 的信息流具有不同的先验认知。

$$\theta_t \mid \{\pi_\tau, S_\tau\}_{\tau=0}^{t} \sim N(\hat{\theta}_t^i, \bar{v}_i)\ ,\ i \in \{A, B\}$$

投资者异质信念 $\hat{\theta}_t^i$，$i \in \{A, B\}$ 满足：

$$d\hat{\theta}_t^i = -\lambda_\theta(\hat{\theta}_t^i - \bar{\theta})dt + \frac{\lambda_\pi}{\sigma_\pi}\bar{v}_i d\hat{Z}_\pi^i(t) + \varphi_i k_i \sigma_\theta dS_t$$

投资者异质信念的前提下，在 t 时刻，τ 年期零息债券的收益为：

$$Y_t(\tau) = \frac{a_\pi(\tau)}{\tau}\pi_t + \frac{b(\tau)}{\tau} - \frac{1}{\tau}\log[\omega_t^A e^{-a_\theta(\tau)\hat{\theta}_t^A} + \omega_t^B e^{-a_\theta(\tau)\hat{\theta}_t^B}]$$

可见，异质信念的情况下，债券收益是由投资者的财富加权平均信念决定的。由于正面消息会导致财富由悲观投资者流向乐观投资者，这样就会给乐观投资者一个更大的权重。因此，这种相对财富的变动能够扩大初始信息对债券收益的影响。财富波动能够扩大资产价格的波动，同时也是债券溢价具有时变性的原因。同时 Xiong 和 Yan（2009）进一步指出，由投资者交易行为引起的内生性财富波动能够有效地解决传统代表性代理人模型所面临的诸如债券收益过度波动、预期假说的失效等债券市场上存在的异象。

Banerjee 和 Kremer（2010）通过建立一个动态异质信念模型分析了异质信念与交易量之间的关系。文章指出，投资者对公众信息的理解存在一定的分歧，投资者的交易行为能够反映出他们之间意见分歧的程度。如果投资者对当前公共信息的理解达成了一致的意见，但对前期信息的理解存在分歧时，Bayesian 修正能使他们的信念趋于一致，我们称这一过程产生的交易量为“信念趋同”交易量。相反，如果投资者在前期具有一致的意见，而当前存在分歧时，相应的交易量则为“异质”交易量。正因为如此，交易量能够反映出投资者信念的变化过程。交易量之间的正相关关系是由于信念趋同交易造成的。当前高程度的异质信念会带来当期的异质性交易和未来的信念趋同交易。当异质信念程度很强时，交易量迅速攀高，伴随着投资者意见的趋同，交易量在将来的时期逐渐回落。因此，异质信念程度较强时交易量会出现聚集和正的相关关系。同样投资者之间的异质信念程度越强，价格的变化幅度也会越大。投资者高程度的意见分歧通常伴随着大规模的交易行为和波动性。

Bloomfield 和 Fischer（2010）通过建立一个包含异质信念的世纪迭代模型（Over - Lapping Generation Model，OLG）分析了异质信念与投资成本之间的关系。文章指出投资成本不仅受投资者对公司未来收益的不确定性影响，还受投资者对彼此信念变化的不确定性影响，主要有两种不同类型的异质信念会对投资成本产生影响。一种类型异质信念的产生主要是因为部分投资者认为其他投资者过分依赖于没有信息含量的一些信号。另一种类型异质信念的产生则主要是因为部分投资者认为其他投资者对更多含有信息的信号所给予的关注太少。相对于第一种类型的异质信念而言，第二种类型异质信念存在的情况下，投资者掌握了更多的有效信息，因而能够减小投资的成本。这两种类型异质信念对投资成本的影响主要是由投资者信念的分布和公开信息的特性所决定的。

二、异质信念下的资产定价实证研究

由于难以寻找异质信念的合理替代指标，而异质信念替代指标的选取又是实证研究中首先要解决的重要问题，因此关于异质信念的实证研究相对理论研究要晚。目前，常用的异质信念替代指标有分析师预测的分歧、换手率和收益波动率等。关于异质信念的实证研究主要有四种：

（1）异质信念与股票收益关系的实证研究；

（2）异质信念与交易行为关系的实证研究；

（3）（实验室环境下）异质信念与金融异象关系的实证模拟分析；

（4）异质信念替代指标选取的实证分析。

（一）异质信念与股票收益关系的实证研究

在实证分析方面，关于异质信念与股票收益关系的实证研究因其是否受卖空限制的影响，分别形成了分别支持 Miller（1977）和 Varian（1985）理论观点的两类不同的实证检验结果。

Diether 等（2002）以分析师盈余预测的分歧（标准差）程度来定义异质信念，利用三种不同的组合分析方法（基于规模、分歧程度分组；基于规模、账面市值、分歧程度分组；基于规模、动量指标和分歧程度分组）对股票进行分组，获得各组的平均月收益。通过建立一个影响股票收益的四因素回归模型，对不同异质信念分组下股票平均收益的估计结果进行比较分析后发现，异质信念与股票预期收益之间具有负的相关关系。Goetzmann 和 Massa（2005）认为分析师盈余预测的分歧程度反映的是专业的观点，不一定能代表普通投资者的预期。因此，他们利用美国股市 1991 年至 1995 年投资者账户（10 万个）的交易数据构造出了异质信念代理变量。将投资者的收入、投资者家庭成员中男性的年龄、投资者家庭人口中男性比例等不同的特征视为外生变量，每个特征（例如年龄）又分为不同的组（例如低于 18 岁的视为一组）。对每一个特征下的不同组，用所有投资者持有的市值前 100 的股票日交易量加总后差额的绝对值代表投资者之间信念的差异来研究异质信念与股票收益之间的关系。研究表明，投资者异质信念与交易量正相关，与预期收益负相关。Gao 等（2006）首先利用 IPO（Initial Public Offerings）后早期（指公开募股后 25 日、50 日、75 日以及 100 日）市场收益波动率作为投资者异质信念的代理变量，检验了 IPO 市场上异质信念与收益之间的关系。发现异质信念与 IPO 后长期（指公开募股后一年、两年和三年）超额收益具有显著的负相关关系。与此同时，在控制了对其他对长期超额收益有重要影响的解释变量以后，这一结论仍然成立。进一步，将收益波动率分解为内部波动率（Intrinsic Volatility）和剩余波动率（Residual Volatility），利用剩余波动率作为异质信念的替代指标后发现，剩余波动率更能捕捉到投资者之间的异质性，与超额收益具有更明显的负相关关系。此外，对 IPO 市场的情况与非 IPO 市场进行对比后发现，IPO 市场上因为严格限制卖空交易，异质信念与收益之间表现出了更强的负相关关系。以上关于异质信念与股票收益关系的实证分析与 Miller（1977）的理论观点一致。

Garfinkel 和 Sokobin（2006）认为投资者的交易行为来源于流动性需求、盈利公告信息以及投资者之间的意见分歧，基于流动性需求和盈利公告信息两种原因带来的交易量代表的是交易量中可以被预期的部分，基于异质信念的交易量代表的则是交易量中不能预期的部分，因此可以用未预期交易量（Unexpected Volume）来衡量投资者之间的异质信念。研究发现投资者异质信念的程度越强，盈利公告日后预期收益就越多，异质信念与预期收益之间具有正相关关系，该研究与 Varian（1985）的理论分析一致。根据 Miller（1977）的观点，存在卖空约束时高分歧股票的预期收益会因卖空约束程度的增强而变得更低。因此，如果考虑卖空限制的不同程度时，卖空限制的程度越强，高分歧与低分歧股票的预期收益差别也就越大。然而，Doukas 等（2006）在使用分析师预测的分歧作为异质信念的代理变量时，同时用公司规模、机构持股、卖空成本指数、相对卖空股份总额四个替代变量来控制卖空成本的程度后，发现高分歧的股票相对于低分歧的股票并不意味着低的预期收益，实证检验结果也不支持Miller的上述结论。此外，Doukas等（2006）用去除不确定因素后的分析师预测分歧作为异质信念的代理变量，发现与Diether等（2002）的实证检验结果相反，异质信念与股票收益正相关，且控制卖空程度后的检验结果仍然不支持Miller的观点，研究结果支持了Varian（1985）的理论分析。

（二）异质信念与交易行为关系的实证研究

Huang和Heian（2011）对异质信念与交易量溢价（High－Volume Premium）之间的关系进行了研究。首先，在亚洲金融市场上，尤其对于小型股，投资于该股票的个体投资者居多。而在西方金融市场，机构投资者占主导地位。其次，相对于西方金融市场，亚洲金融市场上的投资者更容易产生“过度自信”和“认知偏差”。基于上述两方面的事实以及个体投资者相对机构投资者更容易“过度自信”这一共识，认为亚洲金融市场上的交易量溢价更有可能源自投资者的过度自信。通过选取六个亚洲金融市场（日本、中国香港、新加坡、中国台湾、韩国、马来西亚）和美国金融市场进行对比分析发现，在美国金融市场上，小型股票存在更强的交易量溢价。六个亚洲金融市场则表现出来较弱并不稳定的交易量溢价。因此，高交易量冲击伴随机构所有权的增加更可能是由于投资者异质信念造成的。再加上卖空约束，会产生更强的交易量溢酬（High－Volume Return Premium）。异质信念和过度自信能够带来交易量冲击。主要由异质信念产生的交易量冲击将带来较高的股票收益，而由过度自信产生的冲击则会带来较低的股票收益。与美国市场相反，亚洲金融市场上表现出了更弱且不稳定的交易量溢价，这种不稳定性可能是由于投资者过度自信造成的。美国市场上的实证研究表明，大规模交易量冲击如果伴随机构所有权的增加，能够带来更高的交易量溢价，并且下游市场的交易量溢价程度要强于上游市场。

（三）（实验室环境下）异质信念与金融异象关系的实证模拟分析

Bloomfield 等（2009）基于 Hong 和 Stein（1999）的异质信念模型（HS 模型）在实验室环境下通过模拟三组实验分析了短期价格动量效应和长期价格反转效应这两种金融异象形成的原因。假定市场中有两类交易者，知情交易者（Informed Traders）和未知情交易者（Uninformed Traders）。知情交易者基于观察到的关于股票基本价值的信息进行交易，但不参照价格进行交易，因此如果市场中只存在知情交易者，会表现出短期内的收益惯性，但不会出现长期的收益反转。未知情交易者并不关注信息，只是基于过去的收益进行交易，并且与 HS 模型中的动量交易者不同，未知情交易者的交易行为不受任何约束。同 HS 模型的理论一致，实验结果表明，当知情交易者不关注价格的时候，未知情交易者将作为趋势的追随者进行交易。此时未知情交易者对于信息的过度反应会造成长期反转，这是一种短期的后续反转。而当知情交易者关注市场价格的时候，未知情交易者则进行逆向操作。这种情况下，当知情交易者不再对信息做出反应的时候，未知情交易者的逆向操作也会带来长期价格的反转，这是一种长期的后续反转。结果表明，如果消息在投资者之间缓慢传播，动量效应就会是一种普遍的现象，然而长期价格反转异象只有在市场中存在未知情交易者的情况下才会出现。未知情交易者是形成长期价格反转的主要原因，但是对短期价格动量效应的影响并不大。

（四）异质信念替代指标选取的实证分析

由于投资者异质信念的不可观测性，实证分析中很难找到理想的方式去度量投资者之间的异质性。现有的异质信念替代指标没有考虑投资者对资产的个人评价，Garfinkel（2009）基于限价委托和市价委托来衡量投资者对资产的个人评价，利用限价委托和市价委托数据中每一笔委托的申报价格与该委托之前最近一笔成交价之间距离的标准差来度量异质信念。首先定义：

$$\%Distance = \frac{委托价格 - 前期交易价格}{前期交易价格}$$

则异质信念变量定义为：

$$DIVOP = \left[\sum_{i=1}^{N}\frac{(\%Distance_i - \overline{\%Distance})^2}{N-1}\right]_{day}^{\frac{1}{2}}$$

其中，N 为交易日内的委托数目，当 $\%Distance$ 大于 25% 时，在计算异质信念变量 $DIVOP$ 时，不再考虑该项委托。

相对于利用公开可获得数据构造的异质信念代理变量，这种新的构造方法能获取更多关于投资者个人估价的信息，并且利用盈余公告后三天异常收益来度量事件信息的含量，发现事件的信息含量越大，$DIVOP$ 取值越大，说明构造的异质信念变量能够捕捉到投资者信念的变化。

文章根据 $DIVOP$ 的取值首先把样本分为 4 组，以新构造的异质信念变量 $DIVOP$ 作为被解释变量，不可解释交易量（Unexplained Volume）（两个）、买卖价差、股票收益波动率、分析师预测的分歧（两个）共六个异质信念代理变量作为解释变量进行回归，通过回归分析来比较现有的异质信念代理变量与这一新构造的异质信念变量之间的关系。

两个不可解释交易量 ΔTO 和 SUV 分别由（1）式和（2）式给出：

$$\Delta TO = \left[\left(\frac{Vol_{i,t}}{Shs_{i,t}}\right)_{firm} - \left(\frac{Vol_t}{Shs_t}\right)_{market}\right] - \sum_{Dec2001}\left[\left(\frac{Vol_{i,t}}{Shs_{i,t}}\right)_{firm} - \left(\frac{Vol_t}{Shs_t}\right)_{market}\right]/20 \quad (1)$$

其中，$Vol_{i,t}$ 代表公司 i 在第 t 天的交易量，$Shs_{i,t}$ 代表公司 i 在第 t 天的流通股。

$$SUV_{i,t} = \frac{UV_{i,t}}{S_{i,t}}$$

$$UV_{i,t} = Volume_{i,t} - E[Volume_{i,t}] \tag{2}$$

$$E[Volume_{i,t}] = \hat{\alpha}_i + \hat{\beta}_1 |R_{i,t}|^+ + \hat{\beta}_2 |R_{i,t}|^-$$

其中，$S_{i,t}$ 代表回归残差的标准差，$|R_{i,t}|^+$ 代表取值为正的收益率，$|R_{i,t}|^-$ 代表取值为负的收益率。

买卖价差变量的定义式由（3）式给出：

$$\% Spread = \left[\frac{\sum_{i=1}^{N} \frac{(Ask_i - Bid_i)}{(Ask_i + Bid_i)/2}}{N} \right]_{day} \tag{3}$$

股票收益波动率的定义式由（4）式给出：

$$\sigma_{returns} = \left[\sum_{k=1}^{K} \frac{(\mathrm{Ret}_k - \overline{\mathrm{Ret}})^2}{K-1} \right]_{day}^{\frac{1}{2}} \tag{4}$$

两个分析师预测的分歧变量 σ_{frcst} 和 σ_{frcst_2} 分别由（5）式和（6）式给出：

$$\sigma_{frcst} = \left[\sum_{k=1}^{K} \frac{(Frcst_k - \overline{Frcst})^2}{K-1} \right]_{month}^{\frac{1}{2}} / |\overline{Frcst}| \tag{5}$$

σ_{frcst_2}：分析师预测分歧的标准差

根据公司股票价格（月平均价格）排序　（6）

基于上述异质信念代理变量的回归结果发现，新构造的异质信念变量与两种不可解释交易量变量之间相关关系最强。当改变企业类型和委托的种类时，这一结论仍然不变。特别的，对于不包含机构经纪人预测系统预测数据的公司，买卖差价是异质信念最好的替代指标。基于因素分析的方法也表明不可解释的交易量是异质信念首选的有效代理变量，可见不可解释交易量是异质信念的最有效代理变量。而新构造的异质信念变量与分析师预测的分歧和收益波动率之间则表现出了负相关关系，同时也说明用分析师预测的分歧或者收益波动率作为异质信念的代理变量存在一定的偏误。

以上对国外有关投资者异质信念的部分理论和实证研究进行了综述。目前，国内关于异质信念研究相对较少。张维和张永杰（2006）建立了一个基于投资者异质信念的静态风险资产价格均衡模型，通过对模型进行分析，从理论角度证明了：投资者异质信念的程度越强，风险资产的价格就越高，异质信念也是影响股票价格发生变化的重要因素。陈国进等（2008）以意外交易量来衡量投资者之间的意见分歧，检验了投资者意见分歧程度与盈余惯性之间的关系。实证分析结果表明，盈余公告之后，投资者对公告信息持有的观点对收益有重要的影响，投资者之间分歧的程度越大，未来的长期收益会越低。陈国进等（2009）以收益波动率和换手率（调整后的）来衡量投资者之间的异质性，基于资产组合分析方法以及截面回归方法检验了异质信念与股票预期收益之间的关系。实证分析结果表明，1997 年至 2007 年，在我国股票市场上，投资者异质信念与股票预期收益之间表现出了显著的负相关关系。陈国进和张贻军（2009）以换手率作为异质信念的替代指标，利用固定效应条件 Logit 模型分析了异质信念与个股暴跌的关系。研究表明，由于受到卖空限制制度的影响，在我国股票市场上，投资者之间异质信念的程度越强，个股未来更有可能会发生暴跌现象。古志辉等（2011）通过建立一个随机估值模型从卖空限制、异质信念、损失厌恶、过度自信以及信息不对称的角度分析了对我国 A 股市场上对资产定价泡沫有重要影响的因素，文章选取换手率作为异质信念的替代变量，得出了异质信念与泡沫水平正相关的结论。

综上所述，国内外诸多关于异质信念下的资产定价研究表明，与传统资产定价理论基于投资者同质信念的假设相比，异质信念是一个更加接近现实的假设前提。并且，目前关于异质信念下资产定价理论的研究已经在国际学术界获得了很大程度的进展，进一步丰富和发展了传统金融理论。但是，相关的研究在国内还比较缺乏。

中国内地股票市场目前还处于发展阶段并且长期严格禁止卖空行为。2010 年 3 月 31 日融资融券业务的启动标志着我国 A 股市场开始引入做空交易，从此，中国股票市场有了卖空机制。但是，现阶段，融资融券业务的实施还具有较高的成本，并且在业务推行初期卖空交易还存在很大的限制成分。相对于中国内地的股票市场，欧美股票市场以及亚洲地区的中国香港股票市场和日本股票市场相对成熟，且卖空机制比较宽松，投资者可以通过多种途径卖空。可见，我国资本市场与其他相对成熟的资本市场之间还是存在较大差别的。目前，我国个体投资者所占投资者比重仍然较高，个体投资者之间表现为更大的差异水平，很可能会造成我国股票市场投资者之间异质信念的程度相对偏高，值得进一步研究。

正如张维和张永杰（2006）曾经指出的，从理论上讲，虽然中国股票市场上的卖空交易还存在很大的限制成分，但是，在这一相对严格的环境下来对风险资产的价格进行研究，有可能能够发现许多在国外相对成熟的资本市场中不会被发现的规律，对相关金融理论的研究是一种扩展和补充。因此，对我国股票市场投资者异质信念下资产定价理论的研究有着更重要的实践意义。与此同时，对世界主要资本市场上投资者异质信念下资产定价行为的对比分析和研究更是对传统资产定价理论的丰富和发展。

通过本节的综述，我们对异质信念下资产定价理论及实证研究的现状已经有了进一步的理解。可以发现，目前相关的实证研究基本上都是利用线性模型来分析异质信念下的资产定价行为。实际上，诸多实证方面的研究表明，例如股票市场价格、债券市场利率等金融数据都存在着波动的聚集性，也正因为如此，本书通过构建包含异质信念的 GARCH 模型来分析异质信念下的资产定价行为。鉴于此，本章的第 3 节将对与本书构建的包含异质信念的 GARCH 模型关系最为密切的几个 ARCH 类模型（包括 ARCH 模型、GARCH 模型、GARCH－M 模型以及 OGARCH 模型）进行综述。

第三节　ARCH 类模型

本节将对与本书构建的包含异质信念的 GARCH 模型相关的主要

ARCH 类模型——ARCH 模型、GARCH 模型、GARCH－M 模型以及 OGARCH 模型的定义、平稳性以及参数估计进行介绍。

根据资产定价理论，风险是影响资产价格的重要因素。现代金融理论以波动率来衡量风险，并用资产收益的方差对风险的大小进行测度。传统计量经济学模型往往将异方差与横截面数据相联系，而对于时间序列模型一般在同方差的假设条件下进行研究。但是随着金融理论的不断发展，这一假设前提已逐渐被证实存在不合理的方面。大量有关股票价格、债券利率等金融数据的实证研究（Mandelbrot（1963）；Bera 和 Higgins（1992）等）表明，用来表示不确定性和风险的收益的方差并不是固定不变的，而是随时间不断变化的。因此，许多金融学家和计量经济学家开始尝试用不同的模型和方法来描述金融数据的方差时变特性。其中具有代表性的是 Engle（1982）提出的“自回归条件异方差”（Autoregressive Conditional Heteroskedasticity）模型，简称 ARCH 模型。

Engle（1982）发现，对于某些类型的数据，时间序列模型中的扰动项方差并不稳定，例如在通货膨胀模型中存在大的和小的预测误差分别聚集出现的情形，也就是说预测误差取决于上一期干扰的大小，存在异方差现象。因此，Engle 建议把自回归条件异方差（ARCH）模型作为分析时间序列过程的一种方法。

与传统的 CAPM、APT 理论相比，ARCH 模型是一种动态的非线性定价模型，反映了随机过程的一个特殊性质，即方差随时间的变化而改变。由于 ARCH 模型反映和刻画了经济变量方差时变性的特殊不确定形式，因而它在经济和金融领域得到了广泛的应用。

（一）ARCH 模型

1. 定义

Engle（1982）给出了自回归条件异方差（ARCH）模型的定义。在给

定前 $t-1$ 期信息集合 $\psi_{t-1}=\{y_{t-1},x_{t-1},y_{t-2},x_{t-2},\cdots\}$ 的条件下，ARCH（q）模型中的随机误差项 ε_t 具有如下的形式：

$$\varepsilon_t \mid \psi_{t-1} \sim N(0,h_t)$$

$$h_t = \alpha_0 + \sum_{i=1}^{q} \alpha_i \varepsilon_{t-i}^2$$

其中，$\alpha_0 > 0$，$\alpha_i \geqslant 0$，$i = 1,2,\cdots,q$

通常考虑如下形式的 ARCH（q）模型：

$$y_t = x_t^{'}\beta + \varepsilon_t$$

$$\varepsilon_t = \sqrt{h_t} \cdot v_t$$

$$h_t = \alpha_0 + \sum_{i=1}^{q} \alpha_i \varepsilon_{t-i}^2$$

其中，$v_t \overset{iid}{\sim} N(0,1)$。

上述 ARCH（q）模型的定义式表明，ε_t 的条件方差受到滞后误差项即外部冲击 $\varepsilon_{t-i}\,(i=1,2,\cdots,q)$ 的影响。因此，如果前期某一时刻出现了一个较大的外部冲击，则会造成未来条件方差的大幅增加，从而会加剧收益波动的幅度。但如果前期的外部冲击比较小，那么未来条件方差的增加也就会比较小。滞后系数 $\alpha_1,\alpha_2,\cdots,\alpha_q$ 的大小能够反映历史外部冲击对当前收益波动的影响程度。滞后系数越大，对收益波动的影响程度也就越大。滞后期 q 的大小则可以表明外部冲击对收益波动的影响所能够持续的时间。q 的取值越大，影响所持续的时间也就越长。可见，ARCH 模型能够很好地描述外部冲击带来的收益率波动的聚集特性，也就是能够反映金融时序表现出来的大的波动相对聚集在某些时间段上，而小的波动聚集在另一些时间段上的特征。

2. 平稳性

Engle（1982）给出了 ARCH（q）模型二阶平稳的充要条件。

定理[Engle (1982)]：满足 $\alpha_0 > 0$，$\alpha_1, \alpha_2, \cdots, \alpha_q \geqslant 0$ 的 ARCH（q）是二阶（协方差）平稳过程当且仅当关于变量 z 的特征方程：

$$1 - \alpha_1 z - \alpha_2 z^2 - \cdots - \alpha_q z^q = 0$$

的根全部位于单位圆外。ε_t 的平稳方差为：

$$E(\varepsilon_t^2) = \frac{\alpha_0}{1 - \sum_{j=1}^{q} \alpha_j}$$

当 $\alpha_0 > 0$，$\alpha_1, \alpha_2, \cdots, \alpha_q \geqslant 0$ 时，由于 $\alpha_i (i = 1, 2, \cdots, q)$ 均非负，因此，ARCH（q）模型二阶平稳的条件等价于 $\alpha_1 + \alpha_2 + \cdots + \alpha_q < 1$。

3. 参数估计

对于 ARCH（q）模型，当 $v_t \overset{\text{iid}}{\sim} N(0,1)$ 时，y_t 服从正态分布，且有，

$$E(y_t \mid \psi_{t-1}) = x'_t\beta \text{ , } \operatorname{var}(y_t \mid \psi_{t-1}) = h_t$$

$$f(y_t \mid \psi_{t-1}) = \frac{1}{\sqrt{2\pi h_t}} \exp\left(\frac{-(y_t - x'_t\beta)^2}{2h_t}\right)$$

记：

$$[z_t(\beta)]' = [1, (y_{t-1} - x'_{t-1}\beta)^2, (y_{t-2} - x'_{t-2}\beta)^2, \cdots, (y_{t-q} - x'_{t-q}\beta)^2]$$

$$\delta = (\alpha_0, \alpha_1, \alpha_2, \cdots, \alpha_q)'$$

则，$h_t = [z_t(\beta)]'\delta$

定义参数向量 $\theta = (\beta', \delta')'$，则似然函数的形式如下：

$$L(\theta) = \sum_{t=1}^{T} \log f(y_t \mid \psi_{t-1}; \theta)$$

$$= -\frac{T}{2}\log(2\pi) - \frac{1}{2}\sum_{t=1}^{T}\log(h_t) - \frac{1}{2}\sum_{t=1}^{T}\frac{(y_t - x'_t\beta)^2}{h_t}$$

可以基于 Engle（1982）的评分（Score）方法或者 Berndt 等（1974）的 BHHH 算法来计算上述似然函数达到极大值时的最优解，求得参数的估计值。

也可以基于格点搜索（Grid Search）方法、最速上升（Steepest Ascent）方法或者牛顿－拉夫逊（Newton－Raphson）方法等来求解关于下面的似然函数梯度向量的最优化问题，得到参数的估计值。似然函数梯度向量的具体形式为：

$$\nabla L(\theta) = \sum_{t=1}^{T} \frac{\partial \log f(y_t \mid \psi_{t-1};\theta)}{\partial \theta} = \sum_{t=1}^{T} s_t(\theta)$$

其中，

$$s_t(\theta) = \frac{\varepsilon_t^2 - h_t}{2h_t^2} \begin{bmatrix} \sum_{j=1}^{q} -2\alpha_j \varepsilon_{t-j} x_{t-j} \\ z_t(\beta) \end{bmatrix} + \begin{bmatrix} \frac{x_t \varepsilon_t}{h_t} \\ 0 \end{bmatrix}$$

Weiss（1986）指出，即使 v_t 服从非正态分布时，参数的极大似然估计量仍然具有一致性，此时的极大似然估计量称为拟极大似然估计量。假定 v_t 服从非－正态分布，且满足：

$$E(v_t \mid \psi_{t-1}) = 0 ,\ E(v_t^2 \mid \psi_{t-1}) = 1$$

则，拟极大似然估计量 $\hat{\theta}_T$ 满足：

$$\sqrt{T}(\hat{\theta}_T - \theta) \xrightarrow{L} N(0, D^{-1}SD^{-1})$$

其中，

$$S = \operatorname*{plim}_{T\to\infty} T^{-1} \sum_{t=1}^{T} [s_t(\theta)] \cdot [s_t(\theta)]'$$

$$s_t(\theta) = \frac{\varepsilon_t^2 - h_t}{2h_t^2} \begin{bmatrix} \sum_{j=1}^{q} -2\alpha_j \varepsilon_{t-j} x_{t-j} \\ z_t(\beta) \end{bmatrix} + \begin{bmatrix} \frac{x_t \varepsilon_t}{h_t} \\ 0 \end{bmatrix}$$

$$D = \operatorname*{plim}_{T\to\infty} T^{-1} \sum_{t=1}^{T} -E\left\{\frac{\partial s_t(\theta)}{\partial \theta'} \mid x_t, \Omega_{t-1}\right\}$$

$$= \operatorname*{plim}_{T\to\infty} T^{-1} \sum_{t=1}^{T} \left\{\frac{1}{2h_t^2} \begin{bmatrix} \sum_{j=1}^{q} -2\alpha_j \varepsilon_{t-j} x_{t-j} \\ z_t(\beta) \end{bmatrix} [\sum_{j=1}^{q} -2\alpha_j \varepsilon_{t-j} x_{t-j}\ z_t(\beta)'] + \frac{1}{h_t} \begin{bmatrix} x_t x'_t & 0 \\ 0 & 0 \end{bmatrix}\right\}$$

S 的一致估计量为：

$$\hat{S}_T = T^{-1} \sum_{t=1}^{T} [s_t(\hat{\theta}_T)] \cdot [s_t(\hat{\theta}_T)]'$$

D 的一致估计量为：

$$\hat{D}_T = T^{-1} \sum_{t=1}^{T} \left\{ \frac{1}{2\hat{h}_t^2} \begin{bmatrix} \sum_{j=1}^{q} -2\hat{\alpha}_j \hat{\varepsilon}_{t-j} x_{t-j} \\ z_t(\hat{\beta}) \end{bmatrix} [\sum_{j=1}^{q} -2\hat{\alpha}_j \hat{\varepsilon}_{t-j} x_{t-j}\, z_t(\hat{\beta})'] + \frac{1}{\hat{h}_t} \begin{bmatrix} x_t x'_t & 0 \\ 0 & 0 \end{bmatrix} \right\}$$

$$\hat{h}_t = [z_t(\hat{\beta})]' \hat{\delta}$$

$$\hat{\varepsilon}_t = y_t - x'_t \hat{\beta}$$ 。

（二）GARCH 模型

ARCH 模型能够有效刻画收益率序列的波动聚集特性，模型的滞后阶数 q 描述了外部冲击对收益波动的影响所持续的时间。滞后阶数 q 的取值越小，外部冲击对收益波动的影响所持续的时间就越短，反之，q 的取值越大，影响所持续的时间也就越长。但是，在实际模型的估计过程中我们会发现，如果滞后阶数 q 取值过大，就需要估计很多参数，并且有时还可能会出现参数为负的情况。为了弥补 ARCH 模型的这一不足，Engle（1983）建议可以通过设定参数的结构来减少待估计参数的个数，例如可以设定条件方差具有如下的形式：

$$h_t = \alpha_0 + \alpha_1 \sum_{i=1}^{q} w_i \varepsilon_{t-i}^2$$

其中，$w_i = \dfrac{(q+1) - i}{\frac{1}{2} q(q+1)}$ 。

此时，待估计参数的个数只有两个。这种参数结构的设定方式首先能够体现当期的收益波动受到历史冲击的影响这一特征，其次还能体现外部冲击对收益波动的影响具有随时间间隔的变大而减小的特点，因此这一设定形式具有一定的合理性。但同时注意到，在参数实际结构未知的情况下，将参数设定为线性的递减权重这一特定的形式，这种处理方法同时也包含了更多的主观不确定性，因此具有一定的局限性。Bollerslev（1986）提出的“广义自回归条件异方差”（简称 GARCH）模型有效的弥补了 ARCH 模型的这一不足。

1. 定义

在给定前 $t-1$ 期信息集合 $\psi_{t-1} = \{y_{t-1}, x_{t-1}, y_{t-2}, x_{t-2}, \cdots\}$ 的条件下，GARCH(p,q) 模型假定随机误差项 ε_t 具有下面的形式：

$$\varepsilon_t \mid \psi_{t-1} \sim N(0, h_t)$$

$$h_t = \alpha_0 + \sum_{i=1}^{q} \alpha_i \varepsilon_{t-i}^2 + \sum_{j=1}^{p} \beta_j h_{t-j}$$

其中，

$$p \geqslant 0 \quad , q > 0$$

$$\alpha_0 > 0 \, , \alpha_i \geqslant 0 \, , i = 1,2,\cdots,q$$

$$\beta_j \geqslant 0 \, , j = 1,2,\cdots,p$$

通常假定 GARCH（p，q）模型具有如下的形式：

$$y_t = x'_t \beta + \varepsilon_t$$

$$\varepsilon_t = \sqrt{h_t} \cdot v_t$$

$$h_t = \alpha_0 + \sum_{i=1}^{q} \alpha_i \varepsilon_{t-i}^2 + \sum_{j=1}^{p} \beta_j h_{t-j}$$

其中，$v_t \overset{iid}{\sim} N(0,1)$。

引入滞后算子多项式，

$$A(L) = \sum_{i=1}^{q} \alpha_i L^i = \alpha_1 L + \alpha_2 L^2 + \cdots + \alpha_q L^q$$

$$B(L) = \sum_{j=1}^{p} \beta_j L^j = \beta_1 L + \beta_2 L^2 + \cdots + \beta_p L^p$$

则 GARCH（p，q）的条件方差方程变为：

$$h_t = \alpha_0 + A(L)\varepsilon_t^2 + B(L)h_t$$

如果特征方程 $1 - B(L) = 0$ 的根都在单位圆外，则有：

$$h_t = \alpha_0 (1 - B(1))^{-1} + A(L)(1 - B(L))^{-1}\varepsilon_t^2$$

$$= \alpha_0 (1 - \sum_{i=1}^{p}\beta_i)^{-1} + \sum_{i=1}^{\infty}\delta_i\varepsilon_{t-i}^2$$

上面的分析表明，一个 GARCH（p，q）过程实际上可以用一个无限阶的 ARCH 过程来代替。因此，在实际分析问题的过程中，可以用一个低阶的 GARCH 模型来替代一个高阶 ARCH 模型，这样不但减少了待估计参数的个数，更有利于模型的识别与分析。与此同时，由于 GARCH 模型能够在一定条件下转化为高阶或者无限阶的 ARCH 模型。而高阶 ARCH 模型能够体现外部冲击所带来的长期影响，因此，GARCH 模型也能够表现出条件异方差的长期传导过程，即长记忆过程。

2. 平稳性

定理[Bollerslev (1986)]：GARCH（p，q）是弱平稳过程，且有：

$$E(\varepsilon_t) = 0\,,\ \mathrm{var}(\varepsilon_t) = \alpha_0 (1 - A(1) - B(1))^{-1}\,,$$

$$\mathrm{cov}(\varepsilon_t, \varepsilon_s) = 0\,,\ t \neq s$$

当且仅当 $A(1) + B(1) < 1$。

3. 参数估计

定义参数向量：

$$\delta = (\alpha_0, \alpha_1, \alpha_2, \cdots, \alpha_q, \beta_1, \beta_2, \cdots, \beta_p)'$$

$$\theta = (\beta', \delta')',$$

GARCH（p，q）模型的似然函数定义为：

$$L(\theta) = \sum_{t=1}^{T}(-\frac{1}{2}\log h_t - \frac{1}{2}\frac{\varepsilon_t^2}{h_t}) = \sum_{t=1}^{T} l_t(\theta)$$

Bollerslev（1986）基于 BHHH 算法，给出了上述 GARCH 模型参数估计的计算式：

$$\theta^{(i+1)} = \theta^{(i)} + \lambda_i \left(\sum_{t=1}^{T} \frac{\partial l_t}{\partial \theta} \frac{\partial l_t}{\partial \theta'} \right)^{-1} \sum_{t=1}^{T} \frac{\partial l_t}{\partial \theta}$$

其中，$\frac{\partial l_t}{\partial \theta} = \frac{\partial l_t}{\partial \theta} \mid_{\theta=\theta^{(i)}}$，$\lambda_i$ 为步长。

上述计算过程得到最优解 $\hat{\theta}$，则 $\hat{\theta}$ 为 GARCH（p，q）模型的一致性估计量，且有

$$\mathrm{cov}(\hat{\theta}) = \left(-E\left(\frac{\partial^2 l_t}{\partial \theta \partial \theta'} \right) \right)^{-1}$$

进一步，v_t 服从非正态分布且满足下面的条件时，

$$E(v_t \mid \psi_{t-1}) = 0$$

$$E(v_t^2 \mid \psi_{t-1}) = 1$$

$$E(v_t^4 \mid \psi_{t-1}) \leqslant M < \infty$$

参数的极大似然估计量 $\hat{\theta}$ 仍然具有一致性，此时称为拟极大似然估计量 $\hat{\theta}_T$，满足：

$$\sqrt{T}(\hat{\theta}_T - \theta) \xrightarrow{L} N(0, C^{-1}FC^{-1})$$

其中，

$$F = E\left(\left(\frac{\partial l_t}{\partial \theta} \right) \left(\frac{\partial l_t}{\partial \theta'} \right) \right)$$

$$C = -E\left(\frac{\partial^2 l_t}{\partial \theta \partial \theta'} \right)$$

（三）（G）ARCH－M 模型

现代金融理论在讨论投资收益与风险之间的关系时，认为投资者获得更多的收益必须以承受更高水平的风险作为代价，可以用收益波动的大小来衡量风险。

1. 定义

Engle 等（1987）提出的 ARCH－M（ARCH－in－Mean）模型提供了一个估计和检验时变型风险补偿的新方法。在给定前 $t-1$ 期信息集合 $\psi_{t-1}=\{y_{t-1},x_{t-1},y_{t-2},x_{t-2},\cdots\}$ 的条件下，模型的具体形式为：

$$y_t = x_t^{'}\beta + \delta g(h_t) + \varepsilon_t$$

$$\varepsilon_t \mid \psi_{t-1} \sim N(0,h_t)\text{。}$$

$g(h_t)$ 是条件方差 h_t 的单调函数，通常取 $g(h_t)=\sqrt{h_t}$ 或者 $g(h_t)=\log(h_t)$。当 h_t 为 ARCH 或者 GARCH 形式时，相应的，模型分别为 ARCH－M或者 GARCH－M 模型。(G)ARCH－M 模型最主要的特点便是在均值方程中加入了条件方差 h_t 的函数，用 $\delta g(h_t)$ 来表示风险代价，风险代价的增加会带来收益的增加。因此（G)ARCH－M 模型为估计和检验时变型风险提供了一个的新方法。对于 GARCH－M 模型，通常考虑如下的形式：

$$y_t = x_t^{'}\gamma + \delta\sqrt{h_t} + \varepsilon_t$$

$$\varepsilon_t = \sqrt{h_t}\cdot v_t$$

$$h_t = \alpha_0 + \alpha_1\varepsilon_{t-1}^2 + \beta h_{t-1}$$

其中，$\alpha_0>0$，$\alpha_1\geqslant 0$，$\beta\geqslant 0$，$v_t \overset{iid}{\sim} N(0,1)$。

2. 平稳性

GARCH－M 模型的平稳性条件为：$\alpha_1+\beta<1$。

3. 参数估计

对于上述给出的 GARCH－M 模型，定义似然函数为：

$$L(\theta) = \sum_{t=1}^{T}\left(-\frac{1}{2}\log h_t - \frac{1}{2}\frac{\varepsilon_t^2}{h_t}\right) = \sum_{t=1}^{T} l_t(\theta)$$

其中，$\theta' = (\gamma', \alpha_0, \alpha_1, \beta, \delta)$ 为待估计参数向量。

Engle 等（1987）指出，基于 BHHH 方法，得到求解极大似然估计量的计算式：

$$\theta^{i+1} = \theta^i + \lambda (S'S)^{-1} S' i$$

其中，$[S]_{ti} = \frac{\partial l_t}{\partial \theta_i} \mid_{\theta = \theta^i}$，$i$ 为 $T \times 1$ 单位向量，λ 为步长。

上述计算过程得到最优解 $\hat{\theta}$，则 $\hat{\theta}$ 为 GARCH－M 模型的一致性估计量。

类似的，v_t 服从非正态分布时，参数的极大似然估计量 $\hat{\theta}$ 仍然具有一致性，拟极大似然估计量 $\hat{\theta}_T$ 满足：

$$\sqrt{T}(\hat{\theta}_T - \theta) \xrightarrow{L} N(0, H^{-1}FH^{-1})$$

其中，

$$H = -E\left(\frac{\partial^2 l_t}{\partial \theta \partial \theta'}\right)$$

$$F = E\left(\left(\frac{\partial l_t}{\partial \theta}\right)\left(\frac{\partial l_t}{\partial \theta'}\right)\right)$$

（三）OGARCH 模型

为了刻画由利好消息或者利空消息引起的市场上的过度反应现象，Liu 和 Morimune（2005）在 GARCH 模型的基础上给出了 OGARCH（Overresponce GARCH）模型的定义。

1. 定义

$$y_t = f(x_{t-1}) + \varepsilon_t$$

$$\varepsilon_t = z_t \sqrt{h_t}$$

$$h_t = \alpha_0 + \alpha_1 \exp(\varphi\gamma_{t-1}) \varepsilon_{t-1}^2 + \beta h_{t-1}$$

其中，$\alpha_0 > 0$，$\alpha_1 \geqslant 0$，$\beta \geqslant 0$。

y_t 为对数收益率；x_{t-1} 为 $t-1$ 时刻前的所有信息集合；ε_t 为不可观测的对于收益率冲击部分；z_t 是均值为 0，方差为 1 的白噪声；h_t 是 ε_t 的条件方差；γ_{t-1} 为正负冲击所持续的天数，其取值为正整数。

具体地，γ_{t-1} 的定义为：

$\gamma_{t-1} = i$，如果，$sign(\varepsilon_{t-1}) = \cdots = sign(\varepsilon_{t-i}) = -sign(\varepsilon_{t-(i+1)})$。

γ_{t-1} 的分布为：

$$p(\gamma_{t-1} = r) = q^r p + pq^r, \quad \gamma \geqslant 1$$

由于 $sign(\varepsilon_{t-i}) = sign(z_{t-i})$，因此有：

$$\gamma_{t-1} = g(sign(z_{t-1}), sign(z_{t-2}), \cdots)$$

2. 平稳性

定义：$\eta(z_{t-1}, \gamma_{t-1}) = \alpha_1 z_{t-1}^2 \exp(\varphi\gamma_{t-1}) + \beta$

则上述 OGARCH 模型的条件方差方程变为：

$$h_t = \alpha_0 + \eta(z_{t-1}, \gamma_{t-1}) h_{t-1}$$

定理 3.1 [Liu 和 Morimune (2005)] 令 $E[\log\eta(z_{t-1}, \gamma_{t-1})] \neq 0$，则当且仅当 $E[\log\eta(z_{t-1}, \gamma_{t-1})] < 0$ 时，OGARCH 模型存在严平稳解。并且如果模型如果存在解，则解是唯一的。

3. 参数估计

设待估计参数向量 $\theta = (\alpha_0, \alpha_1, \beta, \varphi)$ 的真实值为 $\theta_0 = (\alpha_{00}, \alpha_{10}, \beta_0,$

φ_0），扰动项 ε_t 和条件方差 h_t 实际值分别为 ε_{t_0} 和 h_{t0}，并且有：

（1）ε_{t_0} 是严平稳的和遍历的，$E(\varepsilon_{t_0}^8) < \infty$，$\varepsilon_{t_0}$ 在信息集合 I_{t-1}（这里 I_{t-1} 是所有小于等于 $t-1$ 时点内建立在随机过程 ε_{t_0} 上的信息集合）上的分布是连续的。

（2）$h_t > 0$，$\alpha_0 > 0$，$\alpha_1 \geqslant 0$，$\beta \geqslant 0$，

（3）参数向量构成的空间 Θ 是一个欧几里得紧子集，即 $\theta_0 \in \Theta$，

（4）$\gamma < \frac{1}{4}\log 2$，

在上面的条件（1）—（4）下，Liu 和 Morimune（2005）证明了 OGARCH 模型的拟极大似然估计量 $\hat{\theta}_T$ 依概率收敛到真实值 θ_0。

定义似然函数如下：

$$L_T(\theta) = \sum_{t=1}^{T} l_t(\theta) = \sum_{t=1}^{T}\left(-\frac{1}{2}\log 2\pi - \frac{1}{2}\log h_t - \frac{\varepsilon_t^2}{2h_t}\right)$$

定义：

$$A_0 = -E[\nabla^2 L_T(\theta_0)] = \frac{1}{2}E(h_t^{-2}\nabla h_t \nabla' h_t) + E(h_t^{-1}\nabla\varepsilon_t \nabla'\varepsilon_t)$$

$$B_0 = E[T\nabla L_T(\theta_0)\nabla' L_T(\theta_0)]$$

那么，如果 $|B_0| > 0$，有，

$$\sqrt{T}(\hat{\theta}_T - \theta_0) \xrightarrow{d} N(0, A_0^{-1}B_0A_0^{-1})$$

A_0 的一致性估计量为，

$$\hat{A}_T = \frac{1}{2T}\sum h_t^{-2}\nabla h_t \nabla' h_t + \frac{1}{T}\sum h_t^{-1}\nabla\varepsilon_t \nabla'\varepsilon_t \bigg|_{\theta=\hat{\theta}_T}$$

B_0 的一致性估计量为，

$$\hat{B}_T = \frac{1}{T}\sum \nabla l_t(\theta)\nabla' l_t(\theta)\bigg|_{\theta=\hat{\theta}_T}。$$

由于本书构建了包含异质信念 GARCH 模型，在本节中，我们对相关的 ARCH 类模型进行了文献综述。此外，本书构建的模型可以称为包含异

质信念混合 GARCH 模型。其中，“混合”一词的含义来源于“混合分布假说理论”，下面的第四节将对混合分布假说理论的相关研究进行综述。

第四节　混合分布假说理论与实证研究

混合分布假说（Mixture of Distributions Hypothesis;MDH）是对资产价格和交易量之间的关系进行分析的经典学说之一①。混合分布假说理论最早由 Clark（1973）提出，该理论认为：在资本市场中，信息流的到达将会同时带来交易量和价格的变化，但信息流实际上是不能被观测到的，因此可以用交易量来作为无法被观测的信息流的代理变量。在此基础上，Epps 和 Epps（1976）进一步验证了 Clark（1973）的理论分析，指出资产价格变化服从以交易量为混合变量的混合分布。Tauchen 和 Pitts（1983）给出了交易量和价格变量的联合概率分布形式，认为交易量和价格这两个随机变量共同由信息流变量所决定，信息流为混合变量。综上所述，混合分布假说理论指出，交易量可以作为无法被观测的信息流混合变量的有效代理指标。这一观点为量价关系的实证研究提供了合理的理论依据。

目前，基于混合分布假说理论的实证研究主要集中两个方面：

（1）对资本市场上交易量作为无法被观测的信息流代理变量的合理性进行检验；

（2）寻找更有效的能够捕捉到价格持续性波动的信息流代理变量。同时，混合分布假说理论在这两个方面的研究一般都利用 GARCH 模型来进行实证检验。

考虑如下的 GARCH 模型：

---

① 对资产价格和交易量关系进行分析的学说有：混合分布假说、不对称信息模型假设学说、意见分歧学说等。

$$r_t = \mu_{t-1} + \varepsilon_t$$

$$\varepsilon_t \mid (\varepsilon_{t-1}, \varepsilon_{t-2}, \cdots) \sim N(0, h_t)$$

$$h_t = \alpha_0 + \alpha_1(L)\varepsilon_{t-1}^2 + \alpha_2(L)h_{t-1}$$

其中，r_t 为收益率，μ_{t-1} 是 r_t 基于过去信息的条件均值，$\alpha_0 > 0$，L 代表对多项式进行作用的滞后算子。如果滞后多项式 $\alpha_1(L)$ 与 $\alpha_2(L)$ 中所有的参数都大于零，说明外部冲击对收益波动的影响是持续的，并且滞后多项式中参数的大小将决定着冲击带来的持续性波动的影响程度。

假定 δ_{it} 为第 t 日第 i 个均衡价格的变化量，根据混合分布假说理论，可以得到：

$$\varepsilon_t = \sum_{i=1}^{n_t} \delta_{it}$$

可以发现，随机变量 n_t 决定了第 t 日所有均衡价格变化量的数目。如果将均衡价格的变化量 δ_{it} 视为信息事件，那么随机变量 n_t 就决定着信息流到达市场的速率。随机变量 n_t 也可以理解为在第 t 日信息到达的数目，为混合变量。同时，可以发现，ε_t 的方差依赖于 n_t（n_t 可以视为一个驱动过程），收益率序列是在一个从属（ε_t 从属于 δ_{it}）随机过程的基础上生成的。当 δ_{it} 满足，$\delta_{it} \overset{\text{iid}}{\sim} N(0, \sigma^2)$，只要 n_t 充分大，即有：

$$\varepsilon_t \mid n_t \sim N(0, \sigma^2 n_t)$$

如果假设 n_t（也可以理解为第 t 日市场中信息到达的数目）存在自相关，即：

$$n_t = k + b(L)n_{t-1} + u_t$$

其中，k 是常数，L 是滞后算子，$b(L)$ 是 q 阶滞后多项式，u_t 为白噪声序列。

定义 $\Omega_t = E(\varepsilon_t^2 \mid n_t)$，则有 $\Omega_t = \sigma^2 n_t$，从而可以得到：

$$\Omega_t = \sigma^2 k + b(L)\Omega_{t-1} + \sigma^2 u_t$$

上式说明，日内均衡价格条件方差所表现出来的持续性可以用GARCH模型来描述。因此，基于GARCH模型来进行相关混合分布假说理论的实证检验是合理的。

Lamoureux 和 Lastraps（1990）基于如下的模型对交易量是否能够作为无法被观测的信息流的代理变量进行了实证检验。

$$r_t = \mu_{t-1} + \varepsilon_t$$

$$\varepsilon_t \mid (V_t, \varepsilon_{t-1}, \varepsilon_{t-2}, \cdots) \sim N(0, h_t)$$

$$h_t = \alpha_0 + \alpha_1 \varepsilon_{t-1}^2 + \alpha_2 h_{t-1} + \alpha_3 V_t$$

其中，V_t 作为混合变量，视为弱外生的。$(\alpha_1 + \alpha_2)$ 用来度量波动的持续性，$(\alpha_1 + \alpha_2)$ 越接近于1时，说明外部冲击对波动的持续性影响越大。在混合分布的假定下，应该有 $\alpha_3 > 0$ 。并且，如果在GARCH模型的条件方差中加入交易量 V_t 以后，$(\alpha_1 + \alpha_2)$ 有明显变小的趋势或者甚至有可能 α_1 和 α_2 变得不显著，则说明交易量能够有效解释收益波动的持续性，可以作为信息流的有效代理变量。

Lamoureux 和 Lastraps（1990）利用上述GARCH模型基于20只股票的实证检验结果表明：在GARCH模型的条件方差方程中加入交易量后，ARCH效应（$(\alpha_1 + \alpha_2)$ 的值）有明显程度的降低（除4只股票 α_1 系数具有显著性以外，其余股票 α_1 和 α_2 系数均变得不显著），且交易量与收益波动表现出了显著的正相关关系。用交易量来替代无法被观测的信息流变量是合理的，交易量能够部分吸收股票收益波动的持续性。这一研究为我们检验信息流代理变量的合理性提供了一种有效的实证分析方法。

Andersen（1996）基于 Glosten 和 Milgrom（1985）（GM）模型的理论分析框架，在考虑市场微观结构的背景下对上述混合分布假说模型进行了修正，构造出了修正的混合分布假说（Modified MDH）模型。根据GM模型的结论，价格序列遵循一个相对于公共信息的鞅过程，因此有：

$$1 + R_t = \prod_{j=1}^{J_t} \frac{P_{j,t}}{p_{j-1,t}} = \frac{P_{J_t,t}}{p_{0,t}}$$

其中，J_t 为第 t 天信息到达的数目，$P_{j,t}$ 代表第 t 天的第 j 个均衡价格，R_t 为日收益序列。进一步，可以得到：

$$R_t = \sum_{j=1}^{J_t} \ln\left(\frac{P_{j,t}}{P_{j-1,t}}\right) = \sum_{j=1}^{J_t} \eta_{j,t} ,$$

其中，$\eta_{j,t} \overset{iid}{\sim} (0,\sigma_\eta^2)$

设信息到达数目 $J_t = JK_t$ ，可以认为在某一基准日有 J 个信息到达，K_t 为信息到达的强度。则，

$$R_t = \sum_{j=1}^{J_t} \ln\left(\frac{P_{j,t}}{P_{j-1,t}}\right) = \sum_{j=1}^{J_t} \eta_{j,t} , \eta_{j,t} \overset{iid}{\sim} (0,\sigma_\eta^2)$$

假设 $J_t = K_t J$, $\sigma^2 = J\sigma_\eta^2$, $\eta_{j,t} = \sigma\varepsilon_{j,t}/J^{1/2}$, $\varepsilon_{j,t} \overset{iid}{\sim} (0,1)$ ，则有：

$$R_t = \sigma K_t^{1/2} \frac{1}{(JK_t)^{1/2}} \sum_{j=1}^{JK_t} \varepsilon_{j,t}$$

因此得到了类似 Clark（1973）的结论：

$$R_t | K_t \sim N(0,\sigma^2 K_t)$$

上式说明，日收益的条件方差与信息的强度有关。

在市场处于流动的动态变化过程中以及市场内的信息是不对称的这两个前提条件下，Andersen（1996）将交易量 V_t 区分为由于私有信息差异产生的交易量－信息交易量（Informed Volume）IV_t 和由于流动性需求产生的交易量－噪声交易量（Noise Volume）NV_t ，即有 $V_t = IV_t + NV_t$ 。信息交易量和噪声交易量的分布形式分别为：

$$IV_t \mid K_t \sim P_0(IK_t\mu) \quad , NV_t \mid K_t \sim P_0(m_0)$$

其中，K_t 为信息流。因此有：

$$V_t \mid K_t \sim P_0(m_0 + IK_t\mu)$$

$$V_t^0 = V_t \cdot \pi_t$$

$$c \cdot \hat{\pi}_t = \pi_t ,$$

从而有：

$$\hat{V}_t = V_t^0 / \hat{\pi}_t = cV_t$$

取 $m_1 = I \cdot \mu$, $\sigma \equiv 1$ ，得到下面的修正的混合分布模型：

$$R_t \mid K_t \sim N(0, K_t)$$

$$\hat{V}_t \mid K_t \sim c \cdot P_0(m_0 + m_1 K_t)$$

Depken（2001）则将信息流区分为正（好）信息流和负（坏）信息流，基于混合分布假设理论，得到：

$$\varepsilon_t = \sum_{i=1}^{n_t^+} \delta_{ti}^+ - \sum_{j=1}^{n_t^-} \delta_{tj}^-$$

其中，n_t^+ 为正信息流的数目，n_t^- 为负信息流的数目。δ_{ti}^+ 为第 t 个交易日由好消息带来的日内价格变化的绝对值，δ_{ti}^- 为第 t 个交易日由坏消息带来的日内价格变化的绝对值。

对由不同信息引起的价格变化进行标准化，使得 $\delta_{ti}^+ = \delta_{tj}^- = \delta_t$ ，得到：$\varepsilon_t = (n_t^+ - n_t^-)\delta_t$ 。

设交易量与正、负信息流之间具有如下关系：

$$V_t = \zeta(n_t^+ + n_t^-)$$

其中，$\zeta > 0$ 是一个比例因子，

则基于正信息流产生的交易量为，$\zeta n_t^+ = \dfrac{V_t I_t}{I_t + I_t'}$

基于负信息流产生的交易量为，$\zeta n_t^- = \dfrac{V_t I_t'}{I_t + I_t'}$

其中，

$$I_t = HI_t - LO_t + \max(0, LO_t - C_{t-1})$$

$$I_t' = HI_t - C_t + \max(0, C_{t-1} - LO_t)$$

HI_t 和 LO_t 分别为第 t 个交易日的最高价和最低价，C_{t-1} 为第 t 个交易日的收

盘价。

将基于正信息流（好消息）产生的交易量 ζn_t^+ 和负信息流（坏消息）产生的交易量 ζn_t^- 加入 GARCH 模型的条件方差方程，得到：

$$h_t^2 = \alpha_0 + \alpha_1 \varepsilon_{t-1}^2 + \beta_1 h_{t-1}^2 + \varphi_1(\zeta n_t^+) + \varphi_2(\zeta n_t^-)$$

与 Lamoureux 和 Lastraps（1990）的研究类似，通过上述方程，可以检验好消息带来的交易量和坏消息带来的交易量对收益波动持续性的影响。

国内也有部分关于混合分布假说理论的实证研究，与国外相关的研究类似，主要集中在检验交易量作为信息流替代变量的有效性①和寻找更合理的信息流替代变量这两个方面。李子奈等（2000）以交易量作为不能被观测的信息流的代理变量，利用上证、深成指数日交易数据②对我国股票市场上信息到达与收益波动性之间的关系进行了检验，发现交易量与收益波动正相关。但是，交易量并不能明显降低收益波动的 ARCH 效应，股票收益波动的持续性只有较少一部分与信息的到达有关。类似地，王春丽等（2003）基于上证、深成指数③的日交易数据，对我国股票市场上信息流与收益波动的关系进行了分析。检验结果证实，交易量能够有效解释收益波动的持续性且交易量与价格波动具有正相关关系，说明交易量可以作为不能被观测的信息流变量的合理代理指标。王燕辉等（2004）以深成指数④20 只成分股作为研究对象，把交易量加入 EGARCH 模型的条件方差方程中后发现，交易量可以较大程度地吸收收益波动的持续性，从而认为，交易量能够作为信息流的有效代理指标。凌士勤等（2005）将交易量区分为

---

① 一般通过检验交易量与收益持续性波动之间的关系来分析交易量作为信息流替代变量的有效性。

② 样本区间为 1993 年 1 月 1 日至 1999 年 3 月 10 日。

③ 样本区间为 1995 年 1 月 3 日至 2002 年 11 月 15 日。

④ 样本区间为 1998 年 1 月 5 日至 2002 年 9 月 27 日。

基于好消息产生的交易量和基于坏消息产生的交易量，剔除其中的非信息交易部分后得到基于好消息和基于坏消息的信息交易量。将基于好消息和坏消息的信息交易量同时加入 GARCH 模型的条件方差方程中，分析好消息与坏消息对收益波动性的影响，发现基于好消息和坏消息产生的信息交易量都与波动性正相关，且基于好消息的信息交易量对收益波动具有更大的影响。

综上所述，关于混合分布假说理论以及相关实证研究目前已经在国内外取得了很大程度的进展。但值得注意是，混合分布假说理论仍然是以标准的传统金融理论为主导的。该理论同样假设所有的市场参与者都是理性的，所有的投资者都能在同一时间接收到市场上的新信息并同时对信息做出反应，即投资者是同质的。显然，混合分布假说理论的假设前提忽略了投资者之间可能存在造成他们投资行为差异的诸多因素。Darrat 等（2002）指出，市场上出现的新信息并不能同时影响所有的投资者并最终使他们改变对资产价格的认知。这一研究成果对混合分布假设学说带来了一定的冲击。Hong 和 Stein（2007）系统阐述了异质信念的形成机制。信息的“渐进”传播过程、投资者的“有限”关注程度以及投资者之间“先验”的差异性都可能会造成他们具有异质的信念。在投资者异质信念的前提下，有必要进一步对混合分布假说理论进行探讨。

在投资者异质信念的假设前提下，交易量是否仍然可以作为信息流的替代变量？异质信念的情形下，是否存在其他合理的信息流的替代变量呢？本书将在第六章对异质信念代理变量构建过程中所使用的两个变量即信息交易量和未预期交易量进行分析，检验信息交易量和未预期交易量是否可以作为信息流的替代变量。

第五节 小结

本章主要对与本书异质信念下资产定价研究相关的文献进行了综述。

伴随金融市场的发展，金融异象的出现使得传统资产定价理论有效市场假说和理性人假设前提开始面临诸多挑战，因此，本章首先对有关金融异象的文献进行了综述。

由于金融市场上出现了传统资产定价理论无法解释的金融异象，许多学者开始尝试通过对传统金融理论的修正来寻找金融异象产生的原因，但仍未能对金融异象做出合理的解释。行为金融理论从投资者心理的角度出发，将心理学实验引入金融理论中，从投资的信念和偏好两个方面对传统资产定价理论进行修正，对金融异象的产生给出了合理的解释。本书从传统资产定价理论投资者同质信念这一假设条件出发，研究投资者异质信念下的资产定价行为。因此，本章的第二节对异质信念下的资产定价理论与实证研究进行了综述。

通过对目前关于异质信念下的资产定价理论和实证研究进行分析后发现，关于异质信念的实证研究大都采用线性模型的形式。然而，诸如股票价格、债券利率等金融数据都具有波动聚集的性质，因此，本书首先基于投资者意见分歧所持续的时间构造了异质信念代理变量，并在此基础上建立了包含异质信念的 GARCH 模型，在描述投资者异质信念的同时，有效刻画了股票市场收益波动的聚集性。本书构建的包含异质信念的 GARCH 模型属于 ARCH 类模型的范围，因此本章的第三节主要对相关 ARCH 类模型的研究进行了综述。

进一步，基于混合分布假说理论，对于本书构建的包含异质信念的 GARCH 模型进行检验后发现，包含异质信念的 GARCH（GARCH－M）模型实际上是一个以信息交易量（未预期交易量）为混合变量的混合GARCH（GARCH－M）模型。因此，本章的第四节对关于混合分布假说理论的研究进行了综述。

第三章　包含异质信念的 GARCH 模型

第一节　包含异质信念的 GARCH 模型

一、模型的设定

基于本书第二章第二节的文献综述，注意到目前关于异质信念的资产定价研究基本都采用线性模型的形式，在分析投资者异质信念的同时并没有考虑收益率的波动聚集性。为了弥补先前研究的不足，本书将构造的异质信念代理变量 $d1_t$ 以 $\exp(\gamma d1_t)$ 的形式加入到经典 GARCH 模型的条件方差方程中，得到包含异质信念的 GARCH 模型，模型的具体形式由 (3.1.1) 式给出：

$$
\begin{aligned}
y_t &= f(x_{t-1}) + \varepsilon_t \\
\varepsilon_t &= z_t \sqrt{h_t} \\
h_t &= \alpha + \beta\exp(\gamma d1_t)\varepsilon_{t-1}^2 + \delta h_{t-1}
\end{aligned}
\tag{3.1.1}
$$

模型（3.1.1）中，y_t 为对数收益率序列；x_{t-1} 为信息集合 I_{t-1}（所有时点小于等于 $t-1$ 时刻的信息集合记为 I_{t-1}）中能够对收益率序列产生一定影响的因素；ε_t 是对收益率具有影响的其他不能被观测的成分，即外部冲击成分；z_t 是均值为 0，方差为 1 的白噪声；h_t 是 ε_t 的条件方差。

上述模型（3.1.1）与 Liu 和 Morimune（2005）给出的 OGARCH 模型在形式上具有相似性，但该文条件方程中的冲击变量 γ_{t-1} 用来刻画外部冲击在市场中所持续的天数，且冲击变量 γ_{t-1} 基于收益率序列构建。而本书模型（3.1.1）中异质信念代理变量 $d1_t$ 则是用来刻画新信息产生以后，投资者达成一致意见所需要的天数，并且异质信念代理变量 $d1_t$ 是基于信息交易量序列构建（基于信息交易量的异质信念代理变量 $d1_t$ 的构建过程，具体参考本书的第四章第一节）。因此，Liu 和 Morimune（2005）是基于收益率序列的建模，而本书的模型（3.1.1）实际上是对收益率和交易量两个序列的建模，二者虽然在形式上相似，但存在本质的区别。

本书将通过分析新信息产生以后投资者达成一致意见的动态变化过程中，信息交易量连续下跌至某一平稳水平的情形，利用模型（3.1.1）来检验投资者异质信念的存在性，同时分析异质信念与投资风险的关系。

二、平稳性

定义 $\eta(z_{t-1},d1_t)=\beta\exp(\gamma d1_t)z_{t-1}^2+\delta$，则模型（3.1.1）中的条件方差方程变为，$h_t=\alpha+\eta(z_{t-1},d1_t)h_{t-1}$。

定理 3.1　令 $E[\log\eta(z_{t-1},d1_t)]\neq 0$，则当且仅当 $E[\log\eta(z_{t-1},d1_t)]<0$ 时，模型（3.1.1）存在严平稳解。并且模型（3.1.1）的解如果存在，则是唯一的。

证明：

$$h_t=\eta(z_{t-1},d1_t)\eta(z_{t-2},d1_{t-1})\cdots\eta(z_{t-p},d1_{t-p+1})h_{t-p}$$
$$+\alpha\sum_{i=0}^{p-1}\eta(z_{t-1},d1_t)\eta(z_{t-2},d1_{t-1})\cdots\eta(z_{t-i},d1_{t-i+1})$$

$i=0$ 时，定义 $\eta(z_{t-1},d1_t)\eta(z_{t-2},d1_{t-1})\cdots\eta(z_{t-i},d1_{t-i+1})=1$

注：定理 3.1 的具体证明过程参考 Liu 和 Morimune（2005）。

三、参数估计

在 Liu 和 Morimune（2005）研究的基础上，对于模型（3.1.1），得到

如下关于参数拟极大似然估计量（QMLE）的定理。

定理3.2 设待估计参数向量 $\theta = (\alpha,\beta,\delta,\gamma)$ 的真实值为 $\theta_0 = (\alpha_0,\beta_0,\delta_0,\gamma_0)$，扰动项 ε_t 和条件方差 h_t 实际值分别为 ε_{t_0} 和 h_{t0}，并且有：

（1）ε_{t_0} 是严平稳的和遍历的，$E(\varepsilon_{t_0}^8) < \infty$，$\varepsilon_{t_0}$ 在信息集合 I_{t-1}（这里 I_{t-1} 是所有小于等于 $t-1$ 时点内建立在随机过程 ε_{t_0} 上的信息集合）上的分布是连续的。

（2）$h_t > 0$，$\alpha > 0$，$\beta \geqslant 0$，$\delta \geqslant 0$。

（3）参数向量构成的空间 Θ 是一个欧几里得紧子集，即 $\theta_0 \in \Theta$。

（4）$\gamma < \frac{1}{4}\log\left(\min\left\{\frac{1}{p^+},\frac{1}{p^-}\right\}\right)$，（其中，$p^+$，$p^-$ 的定义具体参考第四章第一节和第五章第一节）。

在上面的条件（1）-（4）下，模型（3.1.1）的拟极大似然估计量 $\hat{\theta}_T$ 依概率收敛到真实值 θ_0。

对于模型（3.1.1），拟极大似然函数定义为，

$$L_T(\theta) = \sum_{t=1}^{T} l_t(\theta) = \sum_{t=1}^{T}\left(-\frac{1}{2}\log 2\pi - \frac{1}{2}\log h_t - \frac{\varepsilon_t^2}{2h_t}\right)$$

定义：

$$A_0 = -E[\nabla^2 L_T(\theta_0)] = \frac{1}{2}E(h_{t_0}^{-2}\nabla h_t \nabla' h_t) + E(h_{t_0}^{-1}\nabla\varepsilon_t \nabla'\varepsilon_t)$$

$$B_0 = E[T\nabla L_T(\theta_0)\nabla' L_T(\theta_0)]$$

那么，如果 $|B_0| > 0$，从而有，$\sqrt{T}(\hat{\theta}_T - \theta_0) \xrightarrow{d} N(0, A_0^{-1}B_0A_0^{-1})$

A_0 的一致性估计量为，$\hat{A}_T = \frac{1}{2T}\sum h_t^{-2}\nabla h_t \nabla' h_t + \frac{1}{T}\sum h_t^{-1}\nabla\varepsilon_t\nabla'\varepsilon_t \Big|_{\theta=\hat{\theta}_T}$

B_0 的一致性估计量为，$\hat{B}_T = \frac{1}{T}\sum \nabla l_t(\theta)\nabla' l_t(\theta)\Big|_{\theta=\hat{\theta}_T}$。

注：定理3.2的具体证明过程参考 Liu 和 Morimune（2005）。

第二节　包含异质信念的 GARCH – M 模型

一、模型的设定

类似地，为分析投资者异质信念与股票预期收益之间的关系，构造异质信念代理变量 $d2_t$ 以 $\exp(\beta_2 d2_{t-1})$ 的形式加入到经典 GARCH – M 模型的条件方差方程中，得到包含异质信念的 GARCH – M 模型，模型的具体形式由（3.2.1）式给出：

$$
\begin{aligned}
y_t &= f(x_{t-1}) + \delta\sqrt{h_t} + \varepsilon_t \\
\varepsilon_t &= z_t\sqrt{h_t} \\
h_t &= \alpha + \beta_1\exp(\beta_2 d2_{t-1})\varepsilon_{t-1}^2 + \gamma h_{t-1}
\end{aligned}
\tag{3.2.1}
$$

模型（3.2.1）中，除异质信念代理变量 $d2_{t-1}$ 以外，其余变量的定义与模型（3.1.1）相同。模型（3.2.1）中异质信念代理变量 $d2_{t-1}$ 基于未预期交易量构建（基于未预期交易量的异质信念代理变量 $d2_{t-1}$ 的构建过程，具体参考本书的第五章第一节），与模型（3.1.1）中基于信息交易量构建的异质信念代理变量 $d1_t$ 不同。

此外，模型（3.2.1）也与 Liu 和 Morimune（2005）给出的 OGARCH 模型相似。同样，Liu 和 Morimune（2005）只是基于收益率序列构建了条件方程中的冲击变量 γ_{t-1} 且该变量用来刻画外部冲击所持续的时间，而模型（3.2.1）中异质信念代理变量 $d2_{t-1}$ 则是用来刻画新信息产生以后，投资者达成一致意见所需要的天数，并且异质信念代理变量 $d2_{t-1}$ 基于未预期交易量序列构建。因此，模型（3.2.1）实际上与 Liu 和 Morimune（2005）给出的 OGARCH 模型也存在本质的区别。

本书将通过分析投资者达成一致意见的动态变化过程中，未预期交易量连续下跌至某一平稳水平的情形，利用模型（3.2.1）来分析异质信念与股票预期收益之间的关系。

二、平稳性

定义 $\eta(z_{t-1},d2_{t-1})=\beta_1\exp(\beta_1 d2_{t-1})z_{t-1}^2+\gamma$，则模型（3.2.1）中的条件方差方程变为：

$$h_t=\alpha+\eta(z_{t-1},d2_{t-1})h_{t-1}\ 。$$

定理 3.3 令 $E[\log\eta(z_{t-1},d2_{t-1})]\neq 0$，则当且仅当 $E[\log\eta(z_{t-1},d2_{t-1})]<0$ 时，模型（3.2.1）存在严平稳解。并且如果模型（3.2.1）的解存在，则是唯一的。

证明：定理 3.2 的具体证明过程与定理 3.1 类似，具体证明过程参考 Liu 和 Morimune（2005）。

三、参数估计

模型（3.2.1）包含异质信念 GARCH – M 模型的拟极大似然估计量（QLME）的性质与模型（3.1.1）相同。

第三节　小结

本章介绍了本书构建的包含异质信念的 GARCH 模型。

为检验全球主要股票市场上投资者异质信念的存在性，本书首先将交易量区分为流动性交易量和信息交易量，基于信息交易量构造投资者异质信念代理变量，建立了一个包含异质信念的 GARCH 模型，本章第一节给出了包含异质信念 GARCH 模型的具体设定形式以及模型的平稳性条件和拟极大似然估计量。

为分析异质信念与股票预期收益之间的关系，本书进一步对交易量进行了更精确的细分，区分为预期交易量和未预期交易量，基于未预期交易量构造投资者异质信念代理变量，建立了一个包含异质信念的 GARCH－M 模型，本章第二节给出了包含异质信念 GARCH－M 模型的具体设定形式以及模型的平稳性条件和拟极大似然估计量。

第四章　异质信念与投资风险

第一节　异质信念变量的构造——基于信息交易量

在本书第二章第二节的文献综述部分我们知道，对于异质信念下资产定价的实证研究，异质信念变量的选取至关重要。目前，常用的异质信念变量代理指标有分析师预测的分歧、换手率、收益波动率等。

资本市场中的投资者通常根据市场上的新信息调整自己对资产定价的预期，投资者对新信息的评价分歧愈大，带来交易量的变动会愈剧烈，显然交易量是一个测度投资者对新信息产生分歧的指标变量。与现有文献中异质信念变量的选取方式不同，本节利用信息交易量构建异质信念代理变量，检验世界主要股票市场上投资者异质信念的存在性，并分析异质信念与投资风险之间的关系。

Andersen（1996）指出，在市场微观结构理论的分析框架下，新信息产生以后流动性需求和信息不对称促成了交易量的产生。因此，可以将交易量区分为基于流动性需求产生的交易量和基于新信息产生的交易量。根据这一思想，定义 V_t 为总交易量，LV_t 为基于流动性需求所产生的交易量，IV_t 为基于新信息所产生的交易量，从而有：$V_t = LV_t + IV_t$ 。

由于流动性需求产生的交易量是投资者为保持风险资产和现金之间的平衡而进行的交易，并非投资者对资产价值的预期发生了改变，因此，基于流动性需求所产生的交易量应该只是总交易中的一小部分，我们可以用总交易量的 T[①]日移动平均作为流动性需求交易量的代理变量。定义流动

① 本书选取两周的移动平均交易量作为流动性交易量的代理变量。

性交易量和信息交易量：

$$LV_t = \frac{1}{T}\sum_{i=1}^{T} V_{t-T+i}\ ,\ IV_t = V_t - \frac{1}{T}\sum_{i=1}^{T} V_{t-T+i}$$

定义信息交易量的相对变化率为，

$$v1_t = \frac{\Delta IV_t}{IV_t} - 1$$

定义分歧度变量 $g1_t$：

$$g1_t = \begin{cases} g1_{t-1} + 1, & if\ v1_t < -Tip\ and\ v1_{t-1} < -Tip \\ 0\ , & else \end{cases}$$

上式中，Tip 为控制分歧度变量取样精度的阀值。

分歧度变量 $g1_t$ 的取值可以理解为市场中的新信息出现以后，投资者意见分歧趋于一致所需要的时间（天数）。如果 $g1_t = 0$，说明投资者处理信息的能力相对较强，能够在当天内达成一致意见。分歧度变量 $g1_t$ 的取值越大，即投资者达成一致意见所需要的时间越长，说明他们处理信息的能力越差。理想状态下，新信息产生后，投资者异质信念的程度会在当50%的投资者对信息的评价持某一观点（例如：看涨），而剩余50%的投资者持相反观点（例如：看跌）时达到最大，这时产生最大交易量，之后伴随着投资者异质信念程度减弱的过程，交易量会连续下跌到某一平稳水平①。投资者异质信念程度减弱的过程中，分歧度变量的取值会逐渐增大。投资者异质信念程度与分歧度变量的取值存在反向变动的关系，因此，可以定义投资者异质信念代理变量 $d1_t$：

$$d1_t = -g1_t\ ,\ t = 1,2,\cdots,n$$

进一步定义 p^+，p^-：

$$p^+ = p\{v1_t \geqslant -Tip\}$$

① Hong 等（2007）在相应“理念分歧模型”中给出了具体的推导。

$$p^{-} = p\{v1_t < -Tip\}$$

异质信念变量 $d1_t$ 的具体分布形式为：

$$p\{d1_t = -n\} = p\{g1_t = n\} = \begin{cases} p^{-}p^{+} + p^{+}p^{-} + p^{+}p^{+}, & n = 0 \\ p^{+}(p^{-})^{2}, n = 1 \\ p^{+}(p^{-})^{3}, n = 2 \\ \cdots \\ p^{+}(p^{-})^{j+1}, n = j \\ \cdots \end{cases}$$

第二节　异质信念与投资风险实证分析

一、数据与描述性统计

由于异质信念是一个相对更微观的概念，目前，关于异质信念的实证研究主要选取个股作为研究对象，那么异质信念在股指这一综合指标中是否有所反映呢？

基于此，本书选取美洲美国股票市场道琼斯指数、欧洲股票市场英国富时 100 指数、法国 CAC40 指数、德国 DAX 指数，亚洲股票市场上证综指、恒生指数和日经 225 指数共 7 个全球重要股票指数的日交易数据作为研究对象（样本区间为 2006 年 1 月 4 日至 2011 年 12 月 30 日），检验全球 7 个重要股票市场上投资者异质信念的存在性。在异质信念代理变量显著的情况下，同时对各股票市场异质信念与投资风险之间的关系进行对比分析。数据来源于 Wind 数据库。

首先，基于收盘价 p 得到收益率序列 r 。表 4.1 给出了收益率序列的描述性统计量。

表 4.1　日收益率序列描述性统计量

指数	样本量	最大值	最小值	均值	峰度	偏度	Jarque - Bera (P)
道琼斯指数	1413	10.508	-11.270	0.008	12.326	-0.226	0.000
富时 100 指数	1423	9.384	-10.327	0.002	10.196	-0.243	0.000
CAC40 指数	1440	10.595	-11.476	-0.030	9.251	0.036	0.000
DAX 指数	1432	10.797	-11.830	0.005	10.106	-0.078	0.000
上证综指	1459	9.034	-9.256	0.043	5.615	-0.415	0.000
恒生指数	1472	13.407	-13.582	0.014	9.716	0.060	0.000
日经 225 指数	1391	13.235	-12.715	-0.047	11.876	-0.673	0.000

由表 4.1 可以看出，7 个指数收益率序列的峰度均大于 3（除 CAC40 指数收益率序列的峰度为 9.251，上证综指收益率序列的峰度为 5.615，恒生指数收益率序列的峰度为 9.716 以外，其余指数收益率序列的峰度均大于 10），相对于峰度为 3 的正态分布序列而言，7 个指数收益率序列分布的尾部都比正态分布的尾部厚，表现出了尖峰厚尾的特点。由于对称分布的偏度为零，由 7 个指数收益率序列的偏度可以看出，CAC40 指数、恒生指数这两个指数收益率序列的偏度为正值，收益率序列的分布表现为上尾部比下尾部密集。相反，道琼斯指数、富时 100 指数、DAX 指数、上证综指、日经 225 指数这 5 个指数收益率序列的偏度则为负值，收益率序列的分布表现为下尾部比上尾部密集。由表 4.1 中最后一列 Jarque - Bera 统计量对应的 P 值可以看出，7 个指数的收益率序列均拒绝了服从正态分布的原假设。

综上所述，对于我们选取的 7 个全球重要指数，由相应收益率序列的描述性统计量可以判断出收益率序列均不服从正态分布。

下面，对收益率序列的自相关性进行检验。在收益率序列存在自相关的情况下，通过建立相应的 AR（m）模型确定收益率序列的自相关。

表 4.2　收益率序列自相关性

指数	AR（m）	系数	T 值
道琼斯指数	AR（1）	0.027***	-4.672
	AR（2）	-0.105***	-3.881
	AR（3）	0.077***	2.846
富时 100 指数	AR（1）	-0.068**	-2.510
	AR（2）	-0.072***	-2.676
	AR（3）	-0.066**	-2.462
	AR（4）	0.095***	3.541
	AR（5）	-0.067**	-2.472
CAC40 指数	AR（1）	-0.072***	-2.689
	AR（2）	-0.064**	-2.373
	AR（3）	-0.058**	-2.156
	AR（4）	0.059**	2.213
	AR（5）	-0.061**	-2.263
DAX 指数	AR（2）	-0.050*	-1.859
	AR（4）	0.083***	3.090
	AR（5）	-0.052*	-1.937
	AR（11）	0.099***	3.669
上证综指	AR（4）	0.068***	2.474
	AR（6）	-0.057**	-2.065
恒生指数	AR（9）	-0.065**	-2.389
	AR（10）	-0.075***	-2.765
日经 225 指数	AR（21）	-0.101***	-3.690
	AR（23）	-0.054*	-1.969

注：表 4.2 中，AR（m）为模型中具有显著性的自相关项，***、**、* 分别表示 1%、5%、10% 的显著性水平。

进一步，对 AR（m）模型的残差序列进行 ARCH 效应检验，检验结果由表 4.3 给出。

表 4.3　ARCH 效应检验

指数	q	LM Test（P）	ARCH（m）
道琼斯指数	3	0.000	9
富时 100 指数	3	0.000	8
CAC40 指数	3	0.000	4
DAX 指数	2	0.000	8
上证综指	2	0.000	7
恒生指数	3	0.000	6
日经 225 指数	3	0.000	7

注：其中 q 为 LM 检验的滞后阶数，m 为 ARCH 模型的阶数。

通过上面的检验，可以发现 7 个指数的收益率序列均不服从正态分布并且存在自相关。对收益率序列建立 AR（m）模型后，基于 ARCH LM 检验的结果表明，回归方程残差序列具有高阶 *ARCH* 效应。由此说明，本书利用 GARCH 模型来刻画收益率序列波动的聚集性是合理的。

为获取投资者异质信念代理变量，首先，需要计算分歧度变量的取值。可以基于分歧度变量的取值观察投资者意见趋于一致所持续的天数。表 4.4 给出了各指数分歧度变量在不同取值下的频率。

表 4.4　分歧度变量频率取值——基于信息交易量

分歧度变量取值	道琼斯指数	富时 100 指数	CAC40 指数	DAX 指数	上证综指	恒生指数	日经 225 指数
0	53.179	53.929	53.447	52.575	52.174	50.483	53.675
1	29.335	29.200	30.775	30.401	28.486	29.844	29.696
2	12.066	11.536	10.519	12.017	11.619	12.843	11.507
3	4.191	3.893	3.696	3.934	4.873	4.677	4.157
4	0.939	1.009	0.995	0.715	1.949	1.336	0.817
5	0.289	0.216	0.426	0.215	0.675	0.594	0.148
6	—	0.144	0.142	0.143	0.225	0.148	—
7	—	0.072	—	—	—	0.074	—

注：表中数据单位为“%”，“—”表示分歧度变量没有相应的取值。

对于本书所选取的7个全球重要股票指数，对比表4.4中各指数分歧度变量在不同取值下频率可以发现：在日交易时间段内，投资者对市场中当天产生的信息能够快速做出反应（本书指的是分歧度变量取值为0，即投资者在新信息产生的当天能够对信息产生一致的评价）的情况基本都维持在50%以上。富时100指数分歧度变量取值为0的频率最高，说明英国股票市场投资者处理信息的能力较强。日经225指数分歧度变量取值为0的频率为53.675%，说明日本股票市场上的投资者也能在较短的时间内对新信息做出一致的评价。虽然亚洲股票市场上日经225指数分歧度变量取值为0的频率较高，但总体进行比较后发现，欧美股票市场上分歧度变量取值为0的频率要高于亚洲市场。总体来看，7个指数分歧变量的取值都小于等于7，说明在这7个全球重要的股票市场上投资者基本能在一周的时间内达成一致意见。

为了对美洲、欧洲、亚洲股票市场上投资者处理信息的能力进行更直观的对比分析，选取道琼斯指数为参考指标①，分别给出欧洲股票市场富时100指数、CAC40指数、DAX指数以及亚洲股票市场上证综指、恒生指数、日经225指数与道琼斯指数的分歧度变量频率差变化图。

由图4-1、图4-2和图4-3欧洲股票市场代表性指数英国富时100指数和法国CAC40指数与道琼斯指数的分歧度变量频率差变化图可以发现：分歧度变量取值为0的情况下，富时100指数和CAC40指数对应频率取值均略大于道琼斯指数，但差别不大，说明英国和法国股票市场上投资者在当天内达成一致意见的频率要略高于美国股票市场。而DAX指数与道琼斯指数的分歧度变量频率差的变化图则表明，美国股票

① 道琼斯指数是世界上最有影响力的股票价格指数，也正因为如此本书选取道琼斯指数作为美洲股票市场代表性指数。同时，为了对各股票市场投资者处理信息的能力进行更加直观的对比分析，本书也首先选取道琼斯指数作为参考指标。

市场上投资者在当天达成一致意见的频率略高于德国股票市场。此外，富时 100 指数分歧度变量取值为 1 的频率略低于道琼斯指数，CAC40 指数和 DAX 指数则相反。分歧度变量取值为 2、3 时，道琼斯指数分歧度变量取值的频率均高于欧洲股票市场的三个指数。欧洲股票市场三个指数与美洲股票市场道琼斯指数投资者意见分歧持续 4 天以上的情况相近。总体来看，欧洲股票市场投资者处理信息的能力与美洲股票市场比较接近。

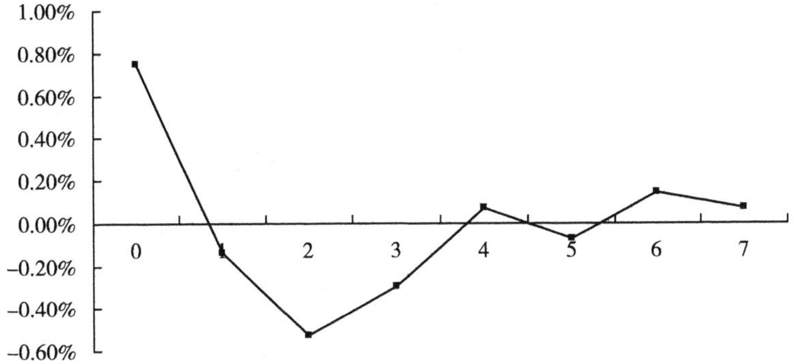

图 4-1　富时 100 指数-道琼斯指数分歧度变量频率差变化图

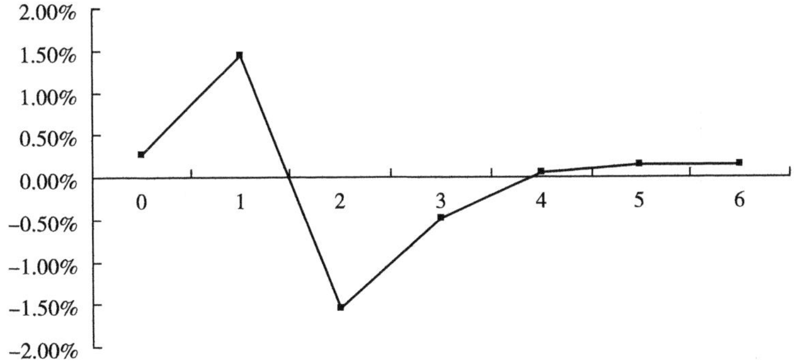

图 4-2　CAC40 指数-道琼斯指数分歧度变量频率差变化图

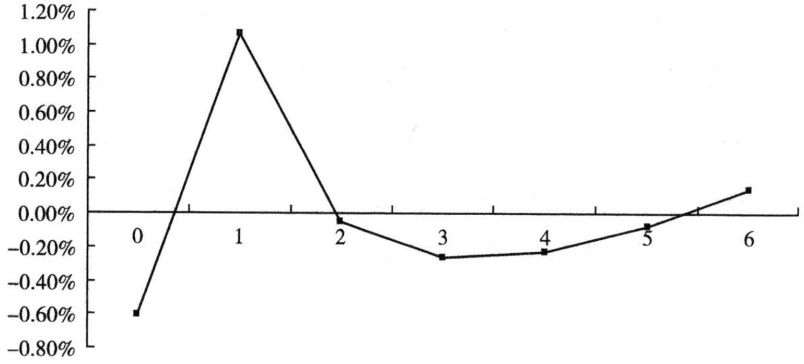

图 4－3　DAX 指数－道琼斯指数分歧度变量频率差变化图

亚洲股票市场上，由图 4－4、图 4－5 不难发现，上证综指和恒生指数与道琼斯指数的分歧度变量频率差变化图有较大的相似之处。虽然上证综指在分歧度变量取值为 0、1、2 时的频率均低于道琼斯指数，但是取值为 3、4、5、6 的频率均高于道琼斯指数。而恒生指数仅取值为 0 的频率低于道琼斯指数，其余情况分歧度变量取值的频率均高于道琼斯指数。但可以初步判断，中国内地股票市场和中国香港股票市场投资者意见分歧达成一致所需的时间要长于美国股票市场，投资者处理新信息的能力相对较差。

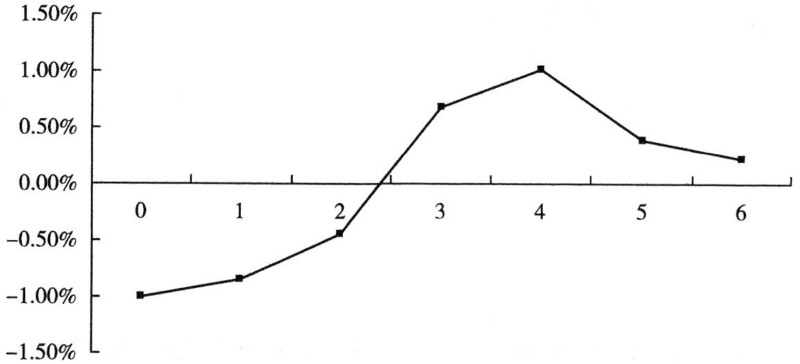

图 4－4　上证综指－道琼斯指数分歧度变量频率差变化图

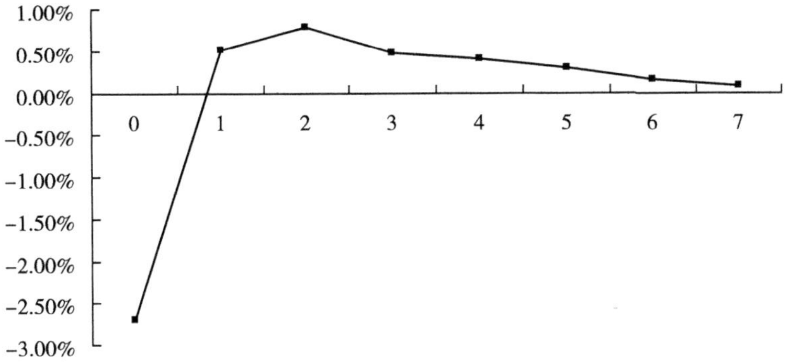

图 4-5　恒生指数-道琼斯指数分歧度变量频率差变化图

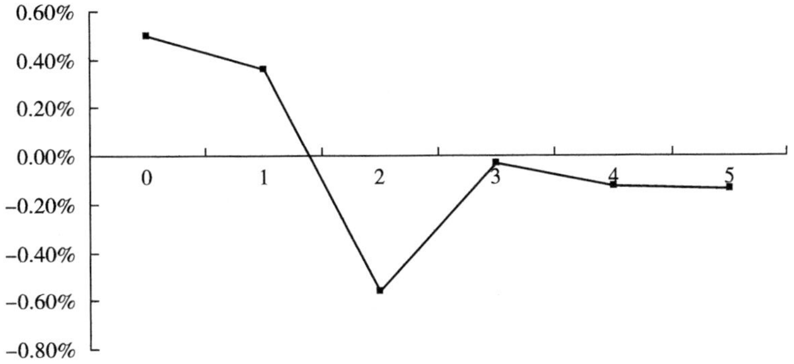

图 4-6　日经 225 指数-道琼斯指数分歧度变量频率差变化图

图 4-6 的情况与图 4-4、图 4-5 相反。日经 225 指数分歧度变量频率取值为 0、1 的频率要高于道琼斯指数，但取值为 2、3、4、5 的频率则低于道琼斯指数。由于分歧度变量取值为 3、4、5 的频率差均在 0.2% 以内，而取值为 0、1 的频率差也在 0.5% 以内，可以认为日本股票市场和美国股票市场上投资者处理信息的能力比较接近。

下面，将对亚洲股票市场和欧洲股票市场内部各指数分歧度变量的取值分别进行对比分析。

基于上述与道琼斯指数的对比分析结果，发现亚洲股票市场上证综指和恒生指数相似性较大，因此，在亚洲股票市场内部仅选取上证综指和日经225指数进行对比分析，上证综指和日经225分歧度变量频率差变化图由图4-7给出。

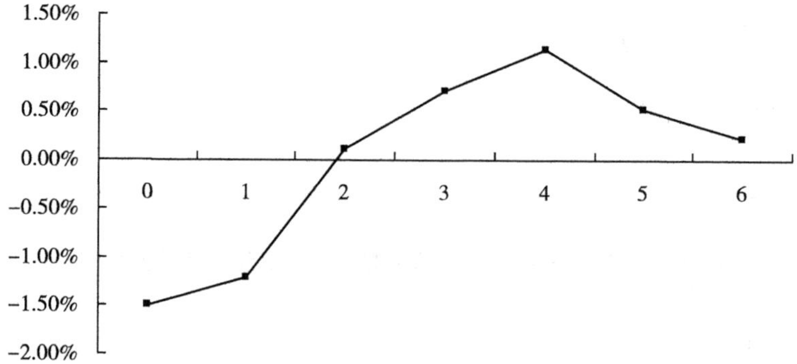

图4-7　上证综指-日经225指数分歧度变量频率差变化图

图4-7进一步证实了前面得出的结论。对比图4-4上证综指与道琼斯指数分歧度变量频率变化图和图4-7上证综指与日经225分歧度变量频率变化图，我们会发现两个图形非常相似。当然，分歧度变量取值为2的情况有所不同。但分歧度变量在其他取值的情况基本一致。可见，美国股票市场与日本股票市场上投资者处理信息的能力确实具有较大的相似之处。与美国和日本股票市场相比，中国股票市场上信息流动速度慢、投资者处理信息能力差等原因可能是造成分歧度变量取值较大，即投资者达成一致意见所需时间较长的主要原因。

类似地，在欧洲股票市场内部，我们对CAC40指数和富时100指数进行对比分析。由图4-8可以发现，CAC40指数与富时100指数分歧度变量取值的频率变化规律性不大。除了CAC40指数分歧度变量取值为1的频率比富时100指数高和富时100指数分歧度变量取值为2时的频率比CAC40指数高以外，两个指数分歧度变量在其他取值情况下的频率差别不大，均在0.5%以内。

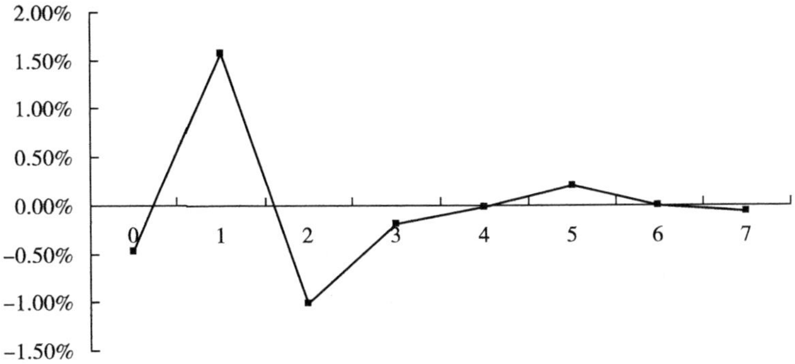

图4-8　CAC40指数-富时100指数分歧度变量频率差变化图

二、包含异质信念的GARCH模型实证分析

可以发现，分歧度变量取值为0时，异质信念变量的取值也为0，而当投资者异质信念变量取值为0时，包含异质信念的GARCH（1，1）模型（3.1.1）便退化成了经典的GARCH（1，1）模型：

$$\begin{aligned} y_t &= f(x_{t-1}) + \varepsilon_t \\ \varepsilon_t &= z_t \sqrt{h_t} \\ h_t &= \alpha + \beta\varepsilon_{t-1}^2 + \delta h_{t-1} \end{aligned} \quad (4.2.1)$$

各指数经典GARCH（1，1）模型的估计结果由下面的表4.5给出。

表4.5　GARCH模型估计结果

指数	样本量	c	α	β	δ	likelihood	AIC
道琼斯指数	1413	0.069*** (3.06)	0.016*** (3.83)	0.094*** (7.30)	0.896*** (70.06)	-1993.803	0.662
富时100指数	1423	0.053** (2.10)	0.020*** (2.76)	0.114*** (6.64)	0.879*** (52.01)	-2158.876	0.724
CAC40指数	1440	0.059 (1.20)	0.036*** (3.08)	0.117*** (6.51)	0.871*** (47.59)	-2388.892	0.952

续表

指数	样本量	c	α	β	δ	likelihood	AIC
DAX 指数	1432	0.090 *** (2.96)	0.035 *** (3.16)	0.114 *** (6.69)	0.877 *** (52.74)	-2411.810	1.002
上证综指	1459	0.089 ** (1.99)	0.037 ** (2.49)	0.067 *** (6.02)	0.925 *** (77.78)	-2688.200	1.378
恒生指数	1472	0.077 ** (2.25)	0.028 *** (2.66)	0.098 *** (6.83)	0.894 *** (60.40)	-2454.000	1.311
日经 225 指数	1391	0.024 (0.71)	0.069 *** (3.28)	0.141 *** (6.89)	0.837 *** (37.90)	-2424.285	1.178

注：表中，***、**、*分别表示1%、5%、10%的显著性水平，括号内数值为相应参数估计的t值。

由表4.5中各指数GARCH（1，1）模型的估计结果可以看到，除常数项以外，GARCH模型的系数估计值都显著不为零，这一点与我们在4.2.1节中分析的收益率序列的统计特性具有一致性，基于收益率序列的波动聚集特性建立GARCH模型是合理的选择。

对于本书构建的包含异质信念的GARCH（1，1）模型，其具体估计结果由下面的表4.6给出。

表4.6 包含异质信念的GARCH模型估计结果

指数	样本量	c	α	β	γ	δ	likelihood	AIC
道琼斯指数	1413	0.075 *** (3.37)	0.017 *** (3.86)	0.146 *** (8.07)	0.646 *** (28.87)	0.889 *** (68.49)	-1989.713	0.660
富时 100 指数	1423	0.059 *** (2.97)	0.017 *** (4.09)	0.137 *** (5.05)	0.577 *** (20.43)	0.889 *** (64.85)	-2143.039	0.720
CAC40 指数	1440	0.058 * (1.95)	0.036 *** (3.12)	0.166 *** (7.37)	0.605 *** (21.00)	0.869 *** (48.01)	-2377.651	0.951
DAX 指数	1432	0.093 *** (3.06)	0.034 *** (3.03)	0.162 *** (5.31)	0.465 ** (2.35)	0.873 *** (49.99)	-2408.333	1.000
上证综指	1459	0.101 ** (2.28)	0.028 ** (2.11)	0.102 *** (6.52)	0.676 *** (28.01)	0.929 *** (83.22)	-2683.240	1.374

续表

指数	样本量	c	α	β	γ	δ	likelihood	AIC
恒生指数	1472	0.079** (2.32)	0.024** (2.50)	0.149*** (7.87)	0.577*** (23.64)	0.893*** (62.40)	-2444.983	1.309
日经225指数	1391	0.026 (0.76)	0.066** (3.26)	0.196*** (7.36)	0.578*** (17.58)	0.839*** (37.74)	-2419.182	1.175

注：表中，***、**、*分别表示1%、5%、10%的显著性水平，括号内数值为相应参数估计的t值，Tip=0.01。

对表4.5、表4.6中美洲、欧洲和亚洲股票市场上7个指数的实证结果进行对比分析后发现，相对于经典GARCH模型，包含异质信念GARCH模型具有更大的似然函数值，且包含异质信念GARCH模型AIC（Akaike Information Criterion，赤池信息量准则）取值略小于经典GARCH模型取值。这说明，与经典GARCH模型相比，包含异质信念的GARCH模型具有更好拟合效果。基于信息交易量构建的异质信念变量显著不为零，说明包含异质信念的GARCH模型能够有效描述美洲、欧洲和亚洲股票市场普遍存在的投资者异质信念现象。

美洲股票市场上，由基于道琼斯指数的实证分析结果可以发现，异质信念变量系数估计值显著为正，说明美国股票市场上存在明显的投资者异质信念现象。同时，ARCH项系数显著为正值，说明异质信念的存在使得当期股票收益波动更剧烈，能够加大市场上的投资风险。欧洲股票市场上，富时100指数、CAC40指数和DAX指数投资者异质信念变量系数估计值也表现出了正的显著性，说明欧洲股票市场上也存在明显的投资者异质信念现象。与道琼斯指数的估计结果类似，在欧洲股票市场上，异质信念的存在也能够带来股票的收益的剧烈波动，加大市场上的投资风险。亚洲市场上，上证综指、恒生指数、日经225指数也表现出了相似的估计结果，表现出明显的投资者异质信念现象，且异质信念的存在使得投资具有更高的风险。

综上所述，在2006年至2011年样本区间内，基于信息交易量构造异质信念代理变量，并在此基础上建立一个包含异质信念的GARCH模型，得出下面的结论。

首先，包含异质信念GARCH模型的估计结果表明，基于信息交易量的异质信念变量选取方法是合理的。这一异质信念代理变量能够有效度量美洲、欧洲和亚洲股票市场上普遍存在的投资者异质信念现象。

其次，包含异质信念GARCH模型的估计结果还表明，无论是在欧美股票市场还是在亚洲股票市场，异质信念是一种普遍存在的现象。投资者异质信念的程度越强，当期股票收益波动幅度越大，股票市场上的投资风险也越高。

为进一步分析美洲、欧洲以及亚洲股票市场上投资者异质信念在不同时间段内的变化趋势，首先对1996—2011年总体样本区间进行分段，从1996—2000年分段样本区间开始，每五年作为一个区间，依次进行推移，直至2007—2011年分段样本区间，在此基础上对不同时间段内异质信念变量系数估计值的变化情况进行对比分析。表4.7和表4.8给出了各分段样本区间内异质信念变量系数估计值的估计结果。各样本推移区间内包含异质信念GARCH模型的详细估计结果参见本章附表4. A. 1 –4. A. 7。

表4.7、表4.8中分歧度变量系数估计值在分段区间内的估计结果表明，美洲股票市场上，道琼斯指数异质信念变量系数估计值基本维持在一个相对稳定的水平（介于0.52到0.70之间），并且在各分段样本区间内，均显著不为零。说明在1996年至2011年的分段样本推移区间内，美国股票市场上的投资者存在一定程度的异质信念且异质信念对收益波动的影响没有较大幅度的变化，维持在一个相对稳定的变化水平之内。

表 4.7 分歧度变量系数估计值（1996—2005 年分段区间）

指数	1996—2000	1997—2001	1998—2002	1999—2003	2000—2004	2001—2005
道琼斯指数	0.625 *** (18.96)	0.575 *** (14.72)	0.627 *** (20.67)	0.648 *** (23.85)	0.647 *** (24.17)	0.640 *** (23.19)
富时 100 指数	0.238 (1.48)	0.054 (0.38)	0.102 (0.68)	0.280 (1.55)	0.464 ** (2.35)	0.468 ** (2.27)
CAC40 指数	0.159 (0.72)	0.701 *** (17.28)	0.164 (1.01)	0.034 (0.23)	0.054 (0.36)	0.377 * (1.84)
DAX 指数	0.632 *** (21.98)	0.610 *** (17.33)	0.608 *** (20.40)	0.232 (0.89)	0.059 (0.29)	0.353 (1.15)
上证综指	0.280 *** (4.09)	0.310 *** (5.25)	0.386 *** (7.82)	0.434 *** (10.17)	0.476 *** (14.42)	0.482 *** (14.53)
恒生指数	—	—	—	—	—	—
日经 225 指数	0.599 *** (17.47)	0.631 *** (17.23)	0.489 * (1.75)	0.317 (1.24)	0.464 (1.30)	0.549 * (1.83)

注：表中，***、**、* 分别表示 1%、5%、10% 的显著性水平，括号内数值为相应参数估计的 t 值，Tip = 0.01。恒生指数部分“ - ”表示样本区间缺失。

表 4.8　分歧度变量系数估计值（2002—2011 年分段区间）

指数	2002—2006	2003—2007	2004—2008	2005—2009	2006—2010	2007—2011
道琼斯指数	0.692 *** (24.59)	0.662 *** (23.57)	0.689 *** (26.65)	0.680 *** (28.30)	0.638 *** (27.69)	0.522 *** (18.24)
富时 100 指数	0.539 * (1.84)	0.568 * (1.67)	0.588 *** (17.86)	0.450 * (1.96)	0.579 *** (19.89)	0.576 *** (19.29)
CAC40 指数	0.573 ** (2.40)	0.636 *** (21.43)	0.561 *** (18.51)	0.572 ** (20.48)	0.577 *** (20.57)	0.585 *** (19.77)
DAX 指数	0.229 (0.79)	0.633 *** (19.74)	0.531 *** (15.58)	0.553 ** (17.60)	0.429 * (1.96)	0.583 *** (19.49)
上证综指	0.584 *** (20.30)	0.651 *** (25.29)	0.662 *** (25.63)	0.642 ** (2.55)	0.665 *** (25.83)	0.615 *** (15.26)
恒生指数	0.717 *** (24.59)	0.681 *** (26.98)	0.585 *** (23.42)	0.561 *** (20.92)	0.564 *** (21.92)	0.568 *** (20.48)
日经 225 指数	0.623 *** (19.27)	0.613 *** (18.66)	0.583 *** (20.38)	0.190 (1.06)	0.582 *** (5.49)	0.473 * (1.66)

注：表中，***、**、* 分别表示 1%、5%、10% 的显著性水平，括号内数值为相应参数估计的 t 值，Tip = 0.01。

欧洲股票市场上，对于富时 100 指数，异质信念变量系数估计值在1996年至2000年、1997年至2001年以及1998年至2002年、1999年至2003年的分段样本区间内不显著[①]。而从2000年至2004年分段样本区间开始，异质信念变量系数估计值显著不为零（介于0.45到0.59之间），说明从2000年至2004年分段样本区间段开始，基于本书构造的异质信念代理变量能够捕捉到英国股票市场上存在的投资者异质信念现象。类似地，对于CAC40指数，在1996年至2000年、1998年至2002年、1999年至2003年以及2000年至2004年的分段样本区间内，异质信念变量系数估计值不显著，其余分段样本区间内异质信念变量系数估计值显著不为零（介于0.37到0.71之间），虽然整体上异质信念对收益波动影响的变化幅度相对较大，但从2002年至2006年分段样本区间开始，异质信念变量系数估计值变化幅度相对稳定（介于0.56到0.64之间）。对于DAX指数，在1999年至2003年、2000年至2004年以及2001年至2005年、2002年至2006年分段样本区间内，异质信念变量系数估计值不显著，其他分段区间内存在明显的投资者异质信念现象，异质信念变量系数估计值介于0.42到0.64之间。总体来看，虽然欧洲股票市场上存在异质信念变量系数估计值在某些分段区间内不显著的情况，但从2003年至2007年分段样本区间开始一直到最近的2007年至2011年分段样本区间，异质信念变量系数估计值均显著不为零，说明在欧洲股票市场上，异质信念也是一种普遍存在的现象。

亚洲股票市场上，上证综指异质信念对收益波动的影响伴随时间的推

① 富时100指数分歧度变量系数估计值不显著的情况下，有可能是基于本书构造的异质信念变量方法不能在此段区间内从日交易数据中度量到投资者异质信念的存在，但这并不能说明在这段样本区间内英国股票市场上不存在明显的投资者异质信念现象，可能通过其他的方式，例如选取高频数据来进行分析可以刻画投资者异质信念的存在。对于其他指数在分段区间内的情况也是类似的。

移发生了较大幅度的变化（异质信念变量系数估计值介于0.28到0.67之间），但从2003年至2007年分段样本区间开始，异质信念变量系数估计值变化幅度相对稳定（介于0.61到0.67之间）。说明在我国内地股票市场上存在明显的投资者异质信念现象，且从2003年至2007年分段样本区间开始，异质信念对收益波动的影响基本维持在相对稳定的变化水平内。中国香港股票市场上，由于数据的缺失，我们只对2002年至2006年开始的分段样本区间进行了分析。在这些分段样本区间内，异质信念变量系数估计值显著不为零，介于0.56到0.72之间，异质信念对收益波动的影响也维持在一个相对稳定的水平。可见，在我国内地和香港股票市场上都存在明显的投资者异质信念现象，并且从2003年至2007年分段样本区间开始，我国内地和香港股票市场上异质信念对收益波动影响变化幅度较小，维持在相对稳定的水平。日本股票市场上，在1999年至2003年、2000年至2004年以及2005年至2009年分段样本区间内，异质信念变量系数估计值不显著，其余分段样本区间内异质信念变量系数估计值显著不为零（介于0.47到0.64之间），可见，在日本股票市场上投资者异质信念也是相对较为普遍的现象。

对比欧美股票市场以及亚洲股票市场上的情况，虽然除了美洲股票市场道琼斯指数、亚洲股票市场上证综指以及恒生指数以外，欧洲市场上的富时100指数、CAC40指数、DAX指数以及亚洲股票市场上的日经225指数，均存在部分分段样本区间内异质信念变量系数估计值不显著的情况。但总体上来看，在本书所分析的分段样本区间内，美洲、欧洲、亚洲股票市场上普遍存在投资者异质信念的现象。这一现象表明，虽然股指是反映整个市场特征的综合指标，但这一宏观指标中同样也映射出了个股中所体现的投资者异质行为。因此本书对股指的研究与目前对于个股的研究方法可以说是相互补充的。

结合异质信念的形成机制，对本章的实证结果，我们有如下的分析：

无论是在相对成熟的欧美股票市场还是在处于发展阶段的亚洲股票市场上，投资者之间必然会存在先验因素带来的异质性差异（主要指投资者因为所受教育程度、职业、年龄等方面的不同所造成的差异）。这些先验异质性差异的存在决定了即使投资者能够同时接收到市场中的信息并且接收到的信息是完全相同的，他们也不可能对信息做出完全相同的评价。其次，股票市场中每天都会有大量的信息，由于投资者的时间和精力有限，他们不可能会注意到所有的信息，必然会对不同的信息给予不同程度的关注。此外，股票市场中的新信息产生以后，也会受到信息的获取渠道、扩散速度的影响，信息的传播是一个渐进的过程，不可能瞬间到达所有的投资者。因此，在世界主要股票市场上，投资者异质信念应该是一种普遍存在的现象。

同时，如果对股票市场中的两类投资者——机构投资者和个体投资者进行对比分析，不难发现：与个体投资者有所不同，机构投资者一般由专业的分析团队组成，信息获取渠道广阔且具有较强信息处理能力。与相对成熟的欧美股票市场和亚洲地区香港和日本股票市场相比，我国内地股票市场的机构投资者比例较低，更高比例个体投资者的存在可能是我国内地股票市场异质信念对收益波动影响的变化幅度相对较大的原因之一。可见，进一步扩大股票市场上机构投资者的规模，完善市场信息披露制度、严格控制内幕消息、拓展信息流通渠道，会有助于降低股票市场上投资者的意见分歧程度，从而降低股票市场的波动性，减少市场泡沫的产生。

第三节　小结

在本书第三章第一节构造的包含异质信念 GARCH 模型的基础上，本章基于信息交易量构造投资者异质信念代理变量，利用上述构造的包含异质信念的 GARCH 模型对世界主要股票市场上投资者异质信念的存在性以及异质信念与投资风险之间的关系进行了实证检验。

包含异质信念 GARCH 模型的实证分析结果表明，2006 年至 2011 年，美国、英国、法国、德国、中国、中国香港地区、日本等 6 个国家和地区的股票市场上都具有明显的投资者异质信念现象，异质信念的存在能够加剧市场上的收益波动，带来更大的投资风险。同时，基于 1996 年至 2011 年分段样本区间内的实证分析结果进一步表明，在世界主要股票市场上，异质信念是一种普遍存在的现象。与欧美股票市场以及亚洲股票市场恒生指数和日经 225 指数相比，我国内地市场异质信念对收益波动影响的变化幅度相对较大。

附录

表 4. A. 1　包含异质信念的 GARCH 模型估计结果——道琼斯指数

区间	样本量	c	α	β	γ	δ	likelihood
1996—2000	1180	0. 090 *** (3. 30)	0. 030 ** (2. 20)	0. 134 *** (5. 52)	0. 625 *** (18. 96)	0. 885 *** (37. 59)	-1854. 216
1997—2001	1173	0. 078 ** (2. 48)	0. 099 *** (2. 85)	0. 160 *** (5. 84)	0. 575 *** (14. 72)	0. 821 *** (22. 13)	-1978. 159
1998—2002	1167	0. 042 (1. 29)	0. 051 *** (2. 79)	0. 133 *** (6. 10)	0. 627 *** (20. 67)	0. 879 *** (40. 67)	-2041. 150
1999—2003	1162	0. 053 * (1. 74)	0. 026 ** (2. 20)	0. 118 *** (6. 17)	0. 648 *** (23. 85)	0. 903 *** (53. 16)	-2002. 462
2000—2004	1165	0. 035 (1. 30)	0. 013 ** (2. 13)	0. 121 *** (6. 22)	0. 647 *** (24. 17)	0. 908 ** (60. 59)	-1904. 319
2001—2005	1167	0. 026 (1. 12)	0. 013 ** (2. 54)	0. 125 *** (6. 13)	0. 640 *** (23. 19)	0. 902 *** (54. 27)	-1736. 861
2002—2006	1165	0. 045 ** (2. 22)	0. 008 ** (2. 54)	0. 085 *** (5. 00)	0. 692 *** (24. 59)	0. 930 *** (65. 03)	-1545. 658
2003—2007	1171	0. 049 ** (2. 48)	0. 017 *** (3. 33)	0. 094 *** (5. 27)	0. 662 *** (23. 57)	0. 907 *** (49. 93)	-1414. 206

续表

区间	样本量	c	α	β	γ	δ	likelihood
2004—2008	1175	0. 034 (1. 65)	0. 015 *** (3. 28)	0. 122 *** (6. 50)	0. 689 *** (26. 65)	0. 899 *** (54. 41)	-1591. 632
2005—2009	1176	0. 049 ** (2. 16)	0. 013 ** (3. 58)	0. 123 *** (6. 92)	0. 680 *** (28. 30)	0. 904 *** (67. 43)	-1760. 311
2006—2010	1177	0. 077 *** (3. 22)	0. 016 *** (3. 63)	0. 147 *** (7. 88)	0. 638 *** (27. 69)	0. 889 *** (67. 34)	-1849. 627
2007—2011	1176	0. 065 ** (2. 16)	0. 032 *** (3. 45)	0. 194 *** (7. 80)	0. 522 *** (18. 24)	0. 859 *** (49. 53)	-1904. 227

注：表中，***、**、*分别表示1%、5%、10%的显著性水平，括号内数值为相应参数估计的t值，Tip=0. 01。

表4. A. 2 包含异质信念的GARCH模型估计结果——富时100指数

区间	样本量	c	α	β	γ	δ	likelihood
1996—2000	1182	0. 048 * (1. 78)	0. 005 (1. 40)	0. 042 *** (3. 76)	0. 238 (1. 48)	0. 948 *** (98. 46)	-1726. 507
1997—2001	1176	0. 043 (1. 30)	0. 045 *** (2. 61)	0. 073 *** (4. 45)	0. 054 (0. 38)	0. 900 *** (45. 52)	-1897. 817
1998—2002	1169	-0. 005 (-0. 15)	0. 052 *** (2. 93)	0. 088 *** (4. 73)	0. 102 (0. 68)	0. 883 *** (43. 75)	-1981. 047
1999—2003	1165	0. 009 (0. 30)	0. 049 *** (2. 90)	0. 138 *** (5. 14)	0. 280 (1. 55)	0. 856 *** (35. 22)	-2002. 462
2000—2004	1169	0. 035 (0. 30)	0. 013 ** (2. 13)	0. 121 *** (6. 22)	0. 464 ** (2. 35)	0. 908 ** (60. 59)	-1902. 358
2001—2005	1172	0. 033 (1. 45)	0. 026 *** (3. 58)	0. 160 *** (5. 39)	0. 468 ** (2. 27)	0. 849 *** (34. 81)	-1618. 200
2002—2006	1173	0. 051 ** (2. 40)	0. 022 *** (3. 50)	0. 143 *** (4. 93)	0. 539 * (1. 84)	0. 869 *** (37. 06)	-1488. 298
2003—2007	1179	0. 059 *** (2. 82)	0. 031 *** (3. 49)	0. 146 *** (4. 64)	0. 568 * (1. 67)	0. 853 *** (29. 03)	-1411. 550
2004—2008	1184	0. 047 ** (2. 14)	0. 023 *** (3. 37)	0. 168 *** (6. 27)	0. 588 *** (17. 86)	0. 862 *** (37. 18)	-1576. 526

续表

区间	样本量	c	α	β	γ	δ	likelihood
2005—2009	1185	0.056 ** (2.28)	0.017 *** (2.88)	0.152 *** (5.30)	0.450 * (1.96)	0.878 *** (47.64)	-1758.916
2006—2010	1186	0.059 ** (2.07)	0.027 *** (3.13)	0.176 *** (7.37)	0.579 *** (19.89)	0.863 *** (47.93)	-1895.105
2007—2011	1185	0.040 (1.20)	0.040 *** (3.00)	0.168 *** (7.06)	0.576 *** (19.29)	0.865 *** (45.76)	-1965.930

注：表中，***、**、*分别表示1%、5%、10%的显著性水平，括号内数值为相应参数估计的t值，Tip = 0.01。

表4.A.3 包含异质信念的GARCH模型估计结果——CAC40指数

区间	样本量	c	α	β	γ	δ	likelihood
1996—2000	1174	0.104 *** (2.88)	0.014 * (1.76)	0.052 *** (4.87)	0.159 (0.72)	0.949 *** (106.72)	-2002.426
1997—2001	1171	0.092 ** (2.14)	0.140 *** (2.84)	0.073 *** (3.98)	0.701 *** (17.28)	0.891 *** (29.96)	-2147.447
1998—2002	1170	0.032 (0.73)	0.060 *** (2.92)	0.057 *** (4.40)	0.164 (1.01)	0.914 *** (64.81)	-2219.840
1999—2003	1172	0.024 (0.58)	0.044 ** (2.51)	0.075 *** (4.82)	0.034 (0.23)	0.908 *** (63.40)	-2175.147
2000—2004	1178	0.011 (0.30)	0.020 ** (2.10)	0.083 *** (4.89)	0.054 (0.36)	0.914 ** (71.04)	-2107.755
2001—2005	1184	0.059 ** (2.02)	0.016 ** (2.44)	0.129 *** (4.74)	0.377 * (1.84)	0.895 *** (56.60)	-1932.156
2002—2006	1187	0.084 *** (3.15)	0.019 *** (3.01)	0.137 *** (4.80)	0.573 ** (2.40)	0.893 *** (54.65)	-1802.127
2003—2007	1193	0.084 *** (3.37)	0.030 *** (3.54)	0.129 *** (6.00)	0.636 *** (21.43)	0.883 *** (47.35)	-1658.858
2004—2008	1197	0.073 *** (2.85)	0.033 *** (3.43)	0.184 *** (7.40)	0.561 *** (18.51)	0.852 *** (41.10)	-1776.849
2005—2009	1197	0.085 *** (3.02)	0.028 *** (3.41)	0.172 *** (7.56)	0.572 *** (20.48)	0.867 *** (50.86)	-1923.950

续表

区间	样本量	c	α	β	γ	δ	likelihood
2006—2010	1199	0.065** (1.98)	0.036*** (2.95)	0.178*** (7.83)	0.577*** (20.57)	0.863*** (49.94)	-2075.760
2007—2011	1198	0.037 (0.98)	0.049*** (2.83)	0.179*** (7.56)	0.585*** (19.77)	0.862*** (48.02)	-2186.132

注：表中，***、**、*分别表示1%、5%、10%的显著性水平，括号内数值为相应参数估计的t值，Tip=0.01。

表4.A.4　包含异质信念的GARCH模型估计结果——DAX指数

区间	样本量	c	α	β	γ	δ	likelihood
1996—2000	1178	0.105*** (3.00)	0.021** (2.17)	0.123*** (5.98)	0.632*** (21.98)	0.915*** (62.75)	-2056.805
1997—2001	1174	0.092** (2.10)	0.110*** (3.00)	0.131*** (5.81)	0.610*** (17.33)	0.875*** (37.51)	-2226.594
1998—2002	1171	0.025 (0.55)	0.071*** (2.97)	0.135*** (6.43)	0.608*** (20.40)	0.889*** (52.44)	-2306.500
1999—2003	1168	0.020 (0.45)	0.055** (2.56)	0.103*** (4.16)	0.232 (0.89)	0.896*** (55.45)	-2294.072
2000—2004	1174	0.018 (0.46)	0.025* (1.95)	0.085*** (3.89)	0.059 (0.29)	0.905** (60.57)	-2225.875
2001—2005	1178	0.070** (2.14)	0.019** (2.36)	0.121*** (4.14)	0.353 (1.15)	0.897*** (58.39)	-2080.363
2002—2006	1181	0.095*** (3.16)	0.021*** (2.72)	0.104*** (3.61)	0.229 (0.79)	0.900*** (51.85)	-1947.584
2003—2007	1186	0.110*** (3.95)	0.035*** (3.63)	0.126*** (5.53)	0.633*** (19.74)	0.885*** (44.75)	-1761.534
2004—2008	1191	0.104*** (3.80)	0.045*** (3.47)	0.202*** (7.16)	0.531*** (15.58)	0.837*** (34.79)	-1815.385
2005—2009	1191	0.108*** (3.64)	0.034*** (3.35)	0.191*** (7.31)	0.553*** (17.60)	0.858*** (44.02)	-1942.664
2006—2010	1191	0.102*** (3.17)	0.037*** (2.99)	0.162*** (4.51)	0.429* (1.96)	0.868*** (44.30)	-2025.194

续表

区间	样本量	c	α	β	γ	δ	likelihood
2007—2011	1176	0.078 ** (2.17)	0.041 *** (2.69)	0.182 *** (7.53)	0.583 *** (19.49)	0.867 *** (47.60)	-2111.897

注：表中，***、**、*分别表示1%、5%、10%的显著性水平，括号内数值为相应参数估计的t值，Tip=0.01。

表4.A.5　包含异质信念的GARCH模型估计结果——上证综指

区间	样本量	c	α	β	γ	δ	likelihood
1996—2000	1214	0.041 (1.02)	0.205 *** (3.72)	0.335 *** (7.97)	0.280 *** (4.09)	0.713 *** (16.64)	-2353.566
1997—2001	1207	0.031 (0.89)	0.171 *** (3.99)	0.320 *** (7.65)	0.310 *** (5.25)	0.714 *** (71.46)	-2157.596
1998—2002	1201	0.008 (0.25)	0.134 *** (3.89)	0.273 *** (7.31)	0.386 *** (7.82)	0.743 *** (19.15)	-2023.556
1999—2003	1196	0.011 (0.35)	0.095 *** (3.58)	0.236 *** (6.83)	0.434 *** (10.17)	0.791 *** (23.82)	-1988.437
2000—2004	1200	-0.011 (-0.35)	0.077 *** (3.62)	0.201 *** (7.41)	0.476 *** (14.42)	0.817 *** (30.98)	-1945.166
2001—2005	1203	-0.036 (-1.07)	0.091 *** (3.39)	0.180 *** (6.97)	0.482 *** (14.53)	0.825 *** (29.90)	-1983.564
2002—2006	1204	0.023 (0.66)	0.057 *** (2.90)	0.124 *** (6.12)	0.584 *** (20.30)	0.885 *** (44.42)	-2007.494
2003—2007	1209	0.069 * (1.84)	0.025 ** (2.47)	0.092 *** (5.74)	0.651 *** (25.29)	0.929 *** (74.08)	-2138.994
2004—2008	1214	0.076 * (1.75)	0.017 (1.56)	0.093 *** (5.75)	0.662 *** (25.63)	0.937 *** (80.56)	-2394.662
2005—2009	1215	0.159 *** (3.47)	0.017 (1.41)	0.103 *** (5.30)	0.642 ** (2.55)	0.931 *** (80.01)	-2480.635
2006—2010	1215	0.135 *** (2.76)	0.037 ** (2.06)	0.108 *** (6.36)	0.665 *** (25.83)	0.924 *** (75.32)	-2498.460
2007—2011	1214	-0.011 (-0.23)	0.026 * (1.84)	0.075 *** (2.76)	0.615 *** (15.26)	0.944 *** (66.24)	-2457.284

注：表中，***、**、*分别表示1%、5%、10%的显著性水平，括号内数值为相应参数估计的t值，Tip=0.01。

表 4. A. 6　包含异质信念的 GARCH 模型估计结果——恒生指数

区间	样本量	c	α	β	γ	δ	likelihood
2002—2006	1238	0. 063 ** (2. 40)	0. 008 * (1. 72)	0. 049 *** (4. 05)	0. 717 *** (24. 59)	0. 961 *** (89. 40)	-1724. 215
2003—2007	1237	0. 087 *** (3. 25)	0. 008 * (1. 70)	0. 069 *** (5. 19)	0. 681 *** (26. 98)	0. 949 *** (83. 45)	-1779. 681
2004—2008	1233	0. 074 ** (2. 58)	0. 014 ** (2. 21)	0. 130 *** (6. 97)	0. 585 *** (23. 42)	0. 908 *** (61. 72)	-2000. 942
2005—2009	1230	0. 085 *** (2. 71)	0. 017 ** (2. 46)	0. 154 *** (7. 19)	0. 561 *** (20. 92)	0. 892 *** (56. 41)	-2164. 443
2006—2010	1230	0. 094 ** (2. 60)	0. 026 ** (2. 47)	0. 157 *** (7. 01)	0. 564 *** (21. 92)	0. 888 *** (58. 30)	-2270. 608
2007—2011	1210	0. 043 (1. 05)	0. 030 ** (2. 04)	0. 157 *** (7. 24)	0. 568 *** (20. 48)	0. 890 *** (54. 27)	-2348. 994

注：表中，***、**、* 分别表示 1%、5%、10% 的显著性水平，括号内数值为相应参数估计的 t 值，Tip = 0. 01。

表 4. A. 7　包含异质信念的 GARCH 模型估计结果——日经 225 指数

区间	样本量	c	α	β	γ	δ	likelihood
1996—2000	1158	-0. 006 (-0. 15)	0. 084 *** (3. 08)	0. 137 *** (5. 75)	0. 599 *** (17. 47)	0. 869 *** (35. 98)	-2034. 201
1997—2001	1154	-0. 022 (-0. 49)	0. 120 *** (3. 23)	0. 123 *** (5. 30)	0. 631 *** (17. 23)	0. 871 *** (35. 76)	-2172. 571
1998—2002	1152	-0. 032 (-0. 71)	0. 160 *** (3. 18)	0. 113 *** (3. 79)	0. 489 * (1. 75)	0. 858 *** (30. 41)	-2182. 854
1999—2003	1144	-0. 003 (-0. 06)	0. 153 *** (2. 97)	0. 082 *** (3. 42)	0. 317 (1. 24)	0. 875 *** (30. 73)	-2146. 128
2000—2004	1148	-0. 022 (-0. 49)	0. 164 *** (3. 16)	0. 085 *** (3. 09)	0. 464 (1. 30)	0. 871 *** (29. 23)	-2142. 526
2001—2005	1148	0. 083 ** (2. 27)	0. 029 ** (2. 27)	0. 119 *** (4. 04)	0. 549 * (1. 83)	0. 905 *** (48. 58)	-2024. 549
2002—2006	1154	0. 103 *** (3. 04)	0. 034 ** (2. 38)	0. 144 *** (5. 80)	0. 623 ** (19. 27)	0. 886 *** (45. 11)	-1934. 818

续表

区间	样本量	c	α	β	γ	δ	likelihood
2003—2007	1159	0.097 *** (3.09)	0.041 *** (2.63)	0.146 *** (5.83)	0.613 *** (18.66)	0.877 *** (39.80)	-1845.238
2004—2008	1165	0.092 *** (2.93)	0.035 *** (2.86)	0.183 *** (7.61)	0.583 *** (20.38)	0.864 *** (48.40)	-1972.122
2005—2009	1163	0.070 ** (2.12)	0.027 ** (2.48)	0.147 *** (5.53)	0.190 (1.06)	0.869 *** (52.05)	-2039.611
2006——2010	1159	0.020 (0.53)	0.039 ** (2.50)	0.104 *** (4.93)	0.582 *** (5.49)	0.880 *** (52.61)	-2075.760
2007—2011	1136	0.002 (0.04)	0.077 *** (3.05)	0.211 *** (5.03)	0.473 * (1.66)	0.826 *** (36.69)	-2113.836

注：表中，***、**、*分别表示1%、5%、10%的显著性水平，括号内数值为相应参数估计的t值，Tip=0.01。

第五章　异质信念与股票预期收益

第一节　异质信念变量的构造——基于未预期交易量

在本书的第四章第一节中，曾将交易量区分为流动性交易量和信息交易量，由于投资者异质信念存在而产生的交易量被视为包含在信息交易量之中，因此基于信息交易量构造了异质信念代理变量。但是，第四章第一节节中对交易量的划分相对粗略，如果我们能够对交易量进行更精确的细分，获取由于异质信念存在而产生的交易量，并利用这部分交易量来构建异质信念代理变量，可能会得到更有效的度量投资者之间异质性的代理变量。

Garfinkel 和 Sokobin（2006）指出，由于流动性需求和盈利公告信息两方面原因产生的交易量是交易量中可以被预期的部分，而实际由于投资者异质信念的存在而产生的交易量是交易量中不能被预期的部分，可以注意到，该文献中未预期交易量的构建是以个股为研究对象的，而本书关于异质信念的研究则选取股指作为研究对象。那么，对于股指是否也存在仅是交易量中的一部分才真正与异质信念密切相关的这种情况呢？

下面，我们将尝试对股指交易量进行更精确的细分，剔除股指交易量中的时间趋势和自相关部分，从总体交易量中分离出可以被预期的成分（定义为预期交易量），最终获得真正基于异质信念的交易量（定义为未预期交易量①）。设 V_t 为总体交易量，EV_t 为预期交易量，UV_t 为未预期交易

① 虽然本书未预期交易量的构造方法与 Garfinkel 和 Sokobin（2006）未预期交易量的构造方法不同，但我们的想法源自于 Garfinkel 和 Sokobin（2006）关于个股研究的思想，因此本书也将其称之为未预期交易量。

量，本节将基于未预期交易量 UV_t 构造异质信念代理变量。

首先，剔除股指交易量中的时间趋势和自相关部分，得到未预期交易量，未预期交易量的具体获取方式由下面的过程给出。

（1）对交易量序列 V_t 取对数获取对数交易量序列 LV_t，剔除对数交易量序列中的时间趋势。具体采用如下的方式：

$$LV_t = \alpha_0 + \alpha_1 T + \alpha_2 T^2 + \eta_t \tag{5.1.1}$$

其中，α_0，α_1，α_2 为待估计参数，T 为时间趋势，η_t 为误差项，上述去除时间趋势后的交易量序列定义为 DV_t，即：

$$DV_t = LV_t - (\hat{\alpha}_0 + \hat{\alpha}_1 T + \hat{\alpha}_2 T^2) \tag{5.1.2}$$

其中，$\hat{\alpha}_0$，$\hat{\alpha}_1$，$\hat{\alpha}_2$ 分别为参数 α_0，α_1，α_2 的估计值。

（2）对去除时间趋势后的交易量 DV_t 进行分解，通过建立 ARIMA(p,d,q) 模型来获取去除时间趋势后的交易量 DV_t 中可以被预期的部分即预期交易量 EV_t 和不能被预期的部分即未预期交易量 UV_t。ARIMA(p,d,q) 模型的形式由（5.1.3）式给出。

$$\begin{aligned} \Delta^d DV_t &= c + u_t \\ u_t &= \sum_{i=1}^{p} \varphi_i u_{t-i} + \varepsilon_t + \sum_{j=1}^{q} \theta_j \varepsilon_{t-j} \end{aligned} \tag{5.1.3}$$

对于道琼斯指数，通过对去除时间趋势后的交易量序列 DV_t 进行分析后，建立 ARIMA（3，1，1）模型，模型的具体估计结果由（5.1.4）式给出。

$$\Delta DV_t = -1.42 \times 10^{-6} + \underset{(16.25)}{0.4362}u_{t-1} + \underset{(4.66)}{0.1354}u_{t-2} + \underset{(5.03)}{0.1350}u_{t-3} + \varepsilon_t - \underset{(-321.81)}{0.9970}\varepsilon_{t-1} \tag{5.1.4}$$

（5.1.4）式中，括号内数值为相应参数估计的 t 值。

对于富时 100 指数，通过对去除时间趋势后的交易量序列 DV_t 进行分析后，建立 ARIMA（3，1，1）模型，模型的具体估计结果由（5.1.5）式给出。

$$\Delta DV_t = -1.05 \times 10^{-5} + 0.4692u_{t-1} + 0.1147u_{t-2} + 0.1193u_{t-3} + \varepsilon_t - 0.9973\varepsilon_{t-1}$$

$$(17.50) \quad (3.89) \quad (4.45) \quad (-935.64)$$

(5.1.5)

（5.1.5）式中，括号内数值为相应参数估计的 t 值。

对于 CAC40 指数，对去除时间趋势后的交易量序列 DV_t 进行分析后，建立 ARIMA（4，1，1）模型，模型的具体估计结果由（5.1.6）式给出。

$$DV_t = -3.96 \times 10^{-5} + 0.4095u_{t-1} + 0.1562u_{t-2} + 0.0668u_{t-3} + 0.0638u_{t-4} + \varepsilon_t - 0.9973\varepsilon_{t-1}$$

$$(15.18) \quad (5.38) \quad (2.30) \quad (2.37) \quad (-197.05)$$

(5.1.6)

（5.1.6）式中，括号内数值为相应参数估计的 t 值。

对于 DAX 指数，通过对去除时间趋势后的交易量序列 DV_t 进行分析后，建立 ARIMA（4，1，1）模型，模型的具体估计结果由（5.1.7）式给出。

$$DV_t = -1.83 \times 10^{-4} - 0.7944u_{t-1} - 0.4812u_{t-2} - 0.3496u_{t-3} - 0.2597u_{t-4} + \varepsilon_t + 0.3210\varepsilon_{t-1}$$

$$(-7.44) \quad (-8.64) \quad (-8.40) \quad (-9.34) \quad (2.91)$$

(5.1.7)

（5.1.7）式中，括号内数值为相应参数估计的 t 值。

对于上证综指，通过对去除时间趋势后的交易量序列 DV_t 进行分析后，建立 ARIMA（4，1，1）模型，模型的具体估计结果由（5.1.8）式给出。

$$\Delta DV_t = -4.88 \times 10^{-5} + 0.7006u_{t-1} + 0.1034u_{t-2} + 0.08756u_{t-3} + \varepsilon_t - 0.9968\varepsilon_{t-1}$$

$$(25.41) \quad (3.11) \quad (3.18) \quad (-204.03)$$

(5.1.8)

（5.1.8）式中，括号内数值为相应参数估计的 t 值。

对于恒生指数，通过对去除时间趋势后的交易量序列 DV_t 进行分析后，建立 ARIMA（5，1，1）模型，模型的具体估计结果由（5.1.9）式给出。

$$\Delta DV_t = -2.98 \times 10^{-5} + 0.4626u_{t-1} + 0.0999u_{t-2} + 0.0817u_{t-3} + 0.0786u_{t-5} + \varepsilon_t - 0.9972\varepsilon_{t-1}$$

$$(16.94)\quad(3.32)\quad(2.89)\quad(3.16)\quad(-355.38)$$

(5.1.9)

（5.1.9）式中，括号内数值为相应参数估计的 t 值。

对于日经 225 指数，通过对去除时间趋势后的交易量序列 DV_t 进行分析后，建立 ARIMA（4，1，1）模型，模型的具体估计结果由（5.1.10）式给出。

$$\Delta DV_t = 5.09\times10^{-5} + 0.5161u_{t-1} + 0.1066u_{t-2} + 0.0619u_{t-3} + 0.0922u_{t-4} + \varepsilon_t - 0.9975\varepsilon_{t-1}$$

$$(18.88)\quad(3.48)\quad(2.03)\quad(3.38)\quad(-333.98)$$

(5.1.10)

（5.1.10）式中，括号内数值为相应参数估计的 t 值。

由上述 ARIMA 模型得到去除时间趋势后交易量序列 DV_t 的回归预测值记为 EV_t，残差项记为 UV_t。则 EV_t 为交易量中可以被预期的部分，定义为预期交易量，UV_t 为交易量中不能被预期的部分，定义为未预期交易量。

定义未预期交易量的相对变化率为，

$$v2_t = \frac{\Delta UV_t}{UV_t} - 1$$

定义分歧度变量 $g2_t$：

$$g2_t = \begin{cases} g2_{t-1} + 1\ , & if\ v2_t < -Tip\ and\ v2_{t-1} < -Tip \\ 0\ , & else \end{cases}$$

上式中，Tip 为控制分歧度变量取样精度的阀值。

与第四章第一节类似，上述分歧度变量 $g2_t$ 的取值可以理解为市场中新信息出现后，投资者意见分歧趋于一致所需要的时间（天数）。定义投资者异质信念代理变量 $d2_t$：

$$d2_t = -g2_t\ ,\ t = 1,2,\cdots,n$$

进一步定义 p^+，p^-：

$$p^+ = p\{v2_t \geqslant -Tip\}$$

$$p^{-} = p\{v2_t < -Tip\}$$

异质信念变量 $d2_t$ 的具体分布形式为：

$$p\{d2_t = -n\} = p\{g2_t = n\} = \begin{cases} p^{-}p^{+} + p^{+}p^{-} + p^{+}p^{+}, & n = 0 \\ p^{+}(p^{-})^{2}, & n = 1 \\ p^{+}(p^{-})^{3}, & n = 2 \\ \cdots & \\ p^{+}(p^{-})^{j+1}, & n = j \\ \cdots & \end{cases}$$

第二节　异质信念与股票预期收益实证分析

一、数据与描述性统计

数据和收益率序列的统计特性在前面的 4.2.1 节已经给出，此处不再赘述。

与第四章第二节一中类似，为获取新的异质信念代理变量，这里仍然需要计算分歧度变量的取值。表 5.1 给出了各指数分歧度变量在不同取值下的频率。

表 5.1　分歧度变量频率取值——基于未预期交易量

分歧度变量取值	道琼斯指数	富时 100 指数	CAC40 指数	DAX 指数	上证综指	恒生指数	日经 225 指数
0	48.410	24.549	48.396	25.608	27.136	25.835	25.761
1	25.072	20.072	25.303	20.959	21.589	20.787	21.381
2	14.017	15.018	13.899	15.880	15.517	14.922	15.961
3	5.997	10.325	6.842	11.016	10.420	10.839	11.656

续表

分歧度变量取值	道琼斯指数	富时 100 指数	CAC40 指数	DAX 指数	上证综指	恒生指数	日经 225 指数
4	2.890	7.726	2.994	8.011	6.822	7.721	8.834
5	1.517	5.848	1.283	5.508	4.873	6.236	5.865
6	1.012	4.188	0.570	3.648	3.673	4.529	3.341
7	0.434	3.394	0.356	2.361	2.774	3.044	2.227
8	0.289	2.455	0.143	1.717	2.099	2.227	1.707
9	0.145	1.805	0.071	1.574	1.649	1.633	0.965
10	0.072	1.444	0.071	1.144	1.049	0.817	0.817
11	0.072	1.083	0.071	0.858	0.600	0.668	0.520
12	0.072	0.939	—	0.501	0.525	0.445	0.371
13	—	0.578	—	0.501	0.225	0.148	0.223
14	—	0.217	—	0.215	0.150	0.074	0.223
15	—	0.144	—	0.143	0.150	0.074	0.148
16	—	0.072	—	0.143	0.150	—	—
17	—	0.072	—	0.143	0.150	—	—
18	—	0.072	—	0.072	0.075	—	—
19	—	—	—	—	0.075	—	—
20	—	—	—	—	0.075	—	—
21	—	—	—	—	0.075	—	—
22	—	—	—	—	0.075	—	—
23	—	—	—	—	0.075	—	—

注：表中数据单位为“%”、“-”表示分歧度变量没有相应的取值。

由表5.1可以发现，本节中基于未预期交易量获得的分歧度变量的取值与4.2.1节中基于信息交易量的分歧度变量的取值相比，已经发生了明显的变化。在4.2.1节中分歧度变量的取值基本都维持在一周以内，而本节中对交易量进行更精确的细分以后，利用基于异质信念的交易量即未预期交易量获得的分歧度变量的取值在美洲、欧洲以及亚洲股票市场上都有明显增大的趋势，基本维持在两周以内。虽然欧洲股票市场富时 100 指数存在分歧度变量取值为 18（投资者需要 18 天才能对新信息的评价达成一致意见）的情况以及亚洲股票市场上证综指存在分歧度变量取值为 23（投资者需要 23 天才能对新信息的评价达成一致意见）的情形，但是总体来看，分歧度变量取值大于 14（投资者达成一致意见需要超过两周以上时间）的频率比较低。

类似地，为了对美洲、欧洲、亚洲股票上投资者处理信息的能力进行直观的对比分析，选取道琼斯指数为参考对象，分别给出各指数与道琼斯指数的分歧度变量频率差变化图。

首先来看欧洲股票市场的情况，图 5－1、图 5－2 和图 5－3 分别给出了 CAC40 指数、富时 100 指数、DAX 指数与道琼斯指数的分歧度变量频率差变化图。

图 5－1 中 CAC40 指数与道琼斯指数分歧度变量频率差的变化图表明，虽然与 CAC40 指数相比，道琼斯指数分歧度变量取值在 5 以上的频率比 CAC40 指数高，但相应的频率都比较低，维持在 0.5% 以内，可以说基本情况相差不大。此外，分歧度变量取值为 5 以下的情况下，除取值为 3 时 CAC40 指数分歧度变量取值频率略高于道琼斯指数（小于 1%）以外，其余情况也基本没有差别。总体上，可以认为两个股票市场上投资者处理新信息的能力差别不大。图 5－2、图 5－3 中，富时 100 指数和 DAX 指数与道琼斯指数的对比结果基本类似，这一点由两个图形的形状很容易判断。由于投资者在当天或者 1 天之内达成一致意见时的情况下，道琼斯指数分歧度变量取值的频率均大于富时 100 指数和 DAX 指数。在 2 天以上的情况则相反，说明与美国股票市场上的投资者相比，英国股票市场和德国股票市场上的投资者需要更长的时间才能对新信息的评价达成一致的意见。基于富时 100 指数和 DAX 指数与道琼斯指数频率差变化图容易得出结论：美国股票市场上投资者处理新信息的能力相对较强。

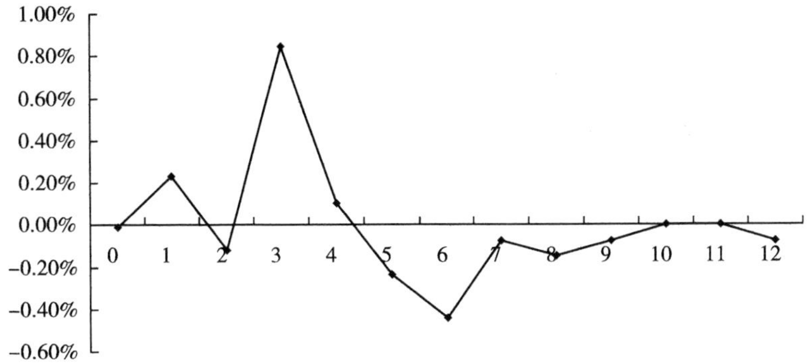

图 5-1　CAC40 指数 - 道琼斯指数分歧度变量频率差变化图

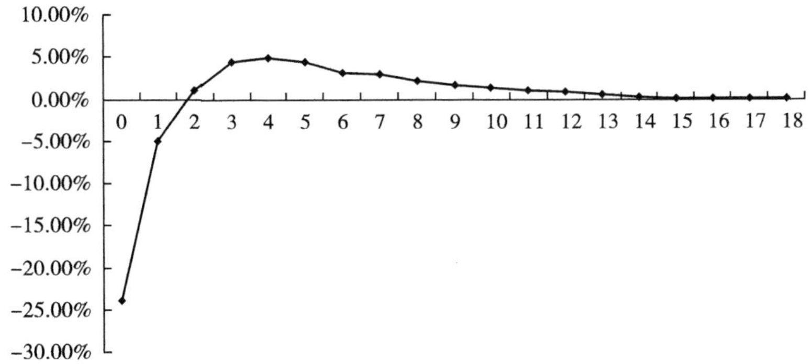

图 5-2　富时 100 指数 - 道琼斯指数分歧度变量频率差变化图

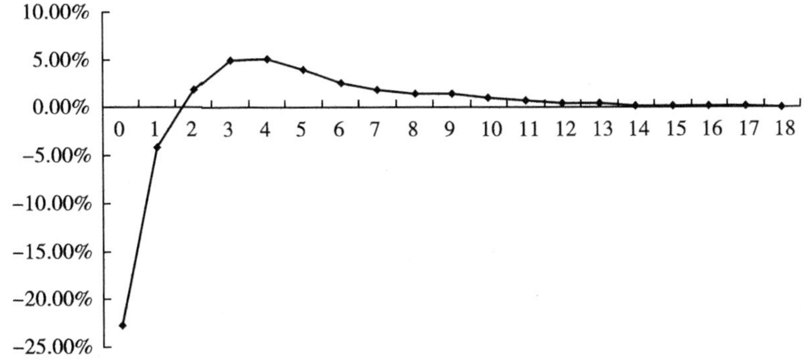

图 5-3　DAX 指数 - 道琼斯指数分歧度变量频率差变化图

类似地，对亚洲股票市场上的上证综指、恒生指数以及日经 225 指数分别与道琼斯指数的情况进行了对比分析，分歧度变量取值的频率差变化图由图 5 –4、图 5 –5 和图 5 –6 给出。

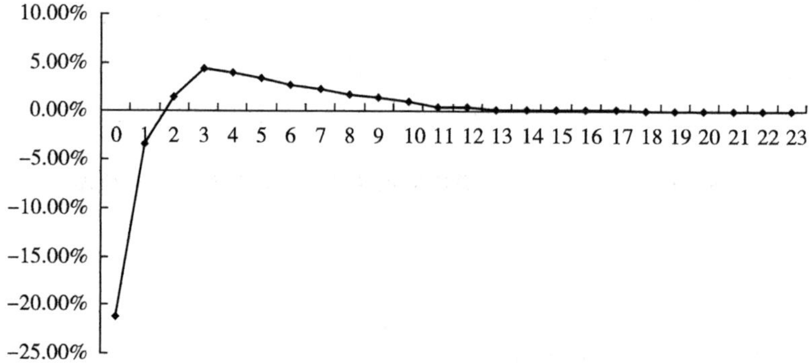

图 5 –4　上证综指 – 道琼斯指数分歧度变量频率差变化图

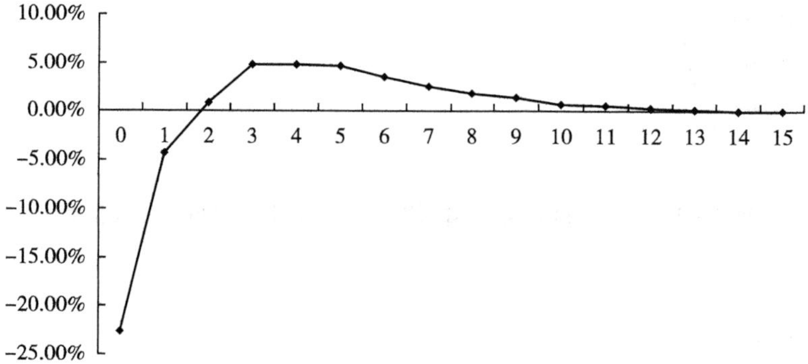

图 5 –5　恒生指数 – 道琼斯指数分歧度变量频率差变化图

由图 5 –4、图 5 –5、图 5 –6 可以看到，亚洲市场上的情况基本一致。分歧度变量取值为 0 和 1 即投资者在当天和 1 天内达成一致意见的情况下，道琼斯指数具有较高的频率，而投资者需要 2 天以上的时间达成一致意见的情况下，上证综指、恒生指数、日经 225 指数均表现出了比道琼斯指数高的频率。总体上可以认为，亚洲股票市场上投资者对新信息的处理能力

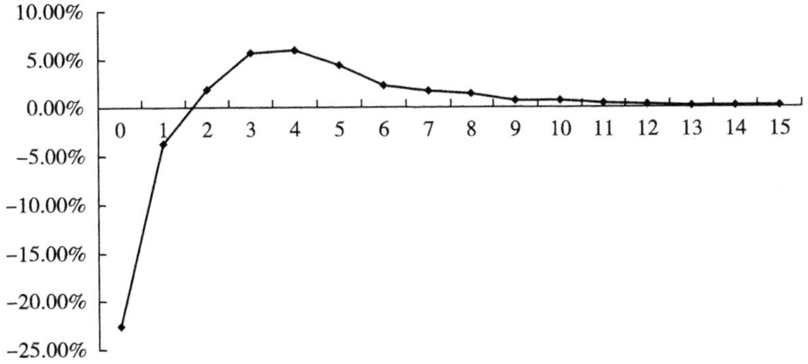

图 5 -6　日经 225 指数 - 道琼斯指数分歧度变量频率差变化图

要比美洲股票市场差。

以道琼斯指数作为参考对象的情况下，由于欧洲股票市场富时 100 指数、DAX 指数表现出了一定的相似性，因此，在欧洲股票市场内部，我们仅对 CAC40 指数和富时 100 指数进行对比分析。图 5 -7 给出了相应分歧度变量频率差的变化图。

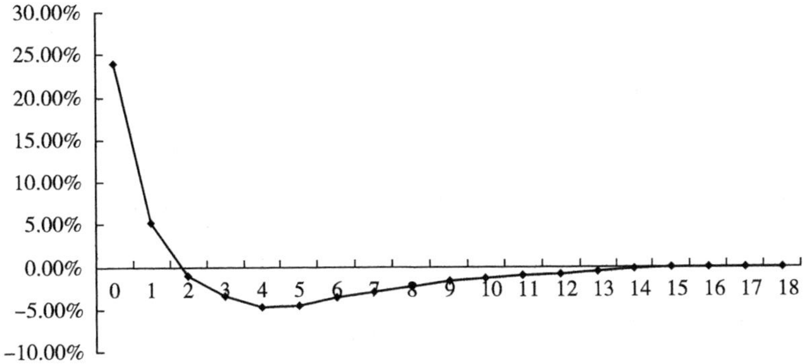

图 5 -7　CAC40 指数 - 富时 100 指数分歧度变量频率差变化图

由图 5 -7 中 CAC40 与富时 100 指数的频率差变化图可以看到，CAC40 指数分歧度变量在取值为 0 和 1 时的频率均高于富时 100 指数并且取值为 0 时高出的频率为 23. 848%，而富时 100 指数分歧度变量取值为 2 直到 18 时的频率均高于 CAC40 指数。因此，可以认为法国股票市场上投资者处理新信息的能力要比英国股票市场投资者处理信息的能力强。

亚洲股票市场内部，类似地，对上证综指和日经 225 指数进行对比，分歧度变量频率差的变化图如图 5 – 8 所示。

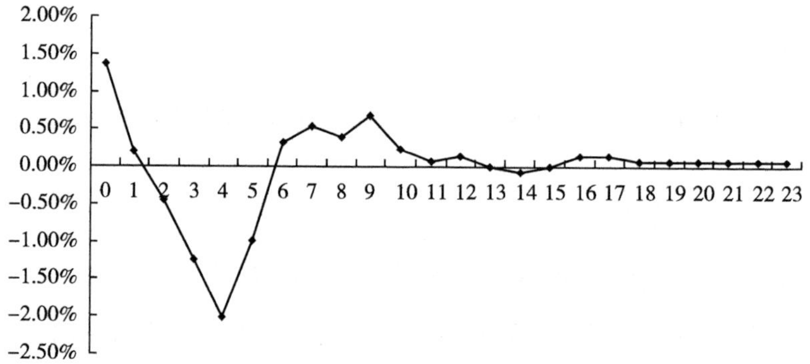

图 5 – 8　上证综指 – 日经 225 指数分歧度变量频率差变化图

由图 5 – 8 可以发现，与日经 225 指数相比，上证综指分歧度变量取值为 0 和 1 时的频率略高于日经 225 指数。分歧度变量取值为 2 到 5 时，日经 225 指数的频率略高于上证综指。分歧度变量取值在 6 到 23 时，上证综指的频率基本都高于日经 225 指数，并且日本股票市场上投资者意见分歧所持续的天数维持在 15 天以内，而中国内地股票市场上则有 15 天以上的情况，最长为 23 天。总体上，可以认为与中国内地股票市场相比，日本股票市场上的投资者表现出了略强的处理信息的能力。

二、包含异质信念的 GARCH – M 模型实证分析

利用分歧度变量 $g2_t$ 构造投资者异质信念变量 $d2_t$，在获得基于未预期交易量构造的异质信念代理变量之后，本节将对异质信念与股票预期收益

之间的关系进行分析。对第三章第二节给出的包含异质信念的 GARCH - M 模型进行估计，表 5.2 给出了各指数相应的估计结果。

表 5.2　包含异质信念的 GARCH - M 估计结果

指数	样本量	c	α	β_1	β_2	γ	δ	likelihood
道琼斯指数	1413	0.085 (1.42)	0.015 *** (3.69)	0.106 *** (6.28)	0.038 * (1.95)	0.894 *** (70.11)	-0.017 (-0.25)	-1992.427
富时 100 指数	1423	-0.035 (-0.48)	0.020 *** (2.70)	0.125 *** (6.08)	0.030 ** (2.09)	0.878 *** (52.27)	-0.094 (-1.28)	-2155.173
CAC40 指数	1440	-0.062 (-0.67)	0.035 *** (2.93)	0.122 *** (5.92)	0.025 ** (2.46)	0.871 *** (74.59)	-0.110 (-0.40)	-2382.929
DAX 指数	1432	0.054 (0.565)	0.036 *** (3.16)	0.120 *** (6.20)	0.025 * (1.75)	0.877 *** (52.34)	-0.032 (-1.39)	-2411.403
上证综指	1459	0.164 (1.04)	0.037 *** (2.62)	0.076 *** (5.68)	0.070 ** (2.44)	0.927 *** (80.39)	-0.044 ** (-2.47)	-2686.726
恒生指数	1472	0.025 (0.26)	0.028 *** (2.66)	0.103 *** (5.77)	0.018 *** (3.46)	0.893 *** (59.96)	-0.043 (-0.58)	-2453.714
日经 225 指数	1391	-0.084 (-0.75)	0.072 *** (3.43)	0.163 *** (6.20)	0.081 ** (2.54)	0.839 *** (38.97)	-0.085 (-1.00)	-2422.197

注：表中，***、**、* 分别表示 1%、5%、10% 的显著性水平，括号内数值为相应参数估计的 t 值，Tip =0.1。

美洲股票市场上，道琼斯指数的估计结果表明，在美国股票市场上，异质信念的程度越强，未来股票收益波动幅度的越大，异质信念的存在能够加大市场上的预期投资风险。但是，美国股票市场上异质信念与股票预期收益之间的负相关关系不显著，或者说负相关关系比较弱。

欧洲股票市场上，富时 100 指数、CAC40 指数和 DAX 指数的估计结果表明，与美国股票市场上的情况类似，在英国、法国和德国股票市场上，异质信念程度的增强也能够带来股票未来收益波动幅度的增大。欧洲股票市场上异质信念与股票预期收益之间的负相关关系同样比较弱。

亚洲股票市场上，恒生指数和日经 225 指数的估计结果与美国股票市场道琼斯指数、欧洲股票市场富时100指数、CAC40指数和DAX指数的估计结果类似。异质信念与股票预期收益之间表现出了较弱的负相关关系。亚洲股票市场上，上证综指的估计结果则表明，在中国内地股票市场上，投资者异质信念程度越强，未来股票收益波动程度越大。异质信念与股票预期收益之间表现出了显著的负相关关系。投资者异质信念程度的增强能够增加市场上的投资风险，造成股票预期收益降低。这一检验结果支持了Miller（1977）的观点，也与陈国进等（2009）对我国1997年到2007年间股票市场上异质信念与股票收益之间关系的研究结果一致。

综合分析本书选取的7个全球重要指数的估计结果，得出如下结论：

在全球主要股票市场上，投资者异质信念与股票预期收益波动具有正相关关系，异质信念的程度越强，未来股票收益波动幅度越大，投资风险越大。投资者异质信念与股票预期收益普遍具有负的相关关系，即异质信念程度越强，股票预期收益越低。但是，全球主要股票市场上异质信念与股票预期收益之间负相关关系的程度是不同的。欧美地区异质信念与股票预期收益之间的负相关关系普遍比较弱。亚洲地区，中国香港和日本股票市场上异质信念与股票预期收益之间的负相关关系较弱，中国内地股票市场上异质信念与股票预期收益之间的负相关关系相对较强。具体来看，中国内地市场股票价格被高估的程度最严重，其次是德国、英国和日本。中国香港、法国和美国股票市场上股票价格被高估的程度比较低。

全球主要股票市场上投资者异质信念与股票预期收益之间均表现出了负的相关关系，这可能是因为卖空限制的影响。异质信念的前提下，如果假设股票真实价值为市场上所有乐观投资者和悲观投资者的平均估价，对股票持悲观态度而未持有该股票的投资者因为受到卖空限制的影响将无法充分参与市场中的交易。这样股票价格将主要表现为反映乐观投资者的评价，相对于其真实价值会被高估，预期收益会降低。

当然，在全球主要股票市场上异质信念与股票预期收益之间的负相关程度是不同的，具体的差别本书认为是由于卖空限制的程度不同所造成的，卖空限制的程度越严重，异质信念与股票预期收益之间的负相关关系越强。中国内地股票市场融资融券业务启动之前，市场一直是禁止卖空的，现阶段的卖空机制还处于初期的阶段。相对于中国内地股票市场，亚洲地区的中国香港、日本以及欧美股票市场上的美国、英国、法国、德国股票市场上卖空机制相对更宽松，这可能是造成异质信念与股票预期收益之间负相关关系程度不同的原因。

表5.3列出了本书所选取的七大指数所在国家和地区卖空机制的实施情况。

表5.3 七大指数所在国家或地区卖空机制

国家或地区	指数	卖空合法性	卖空可行性
美国	道琼斯指数	√	√
英国	富时100指数	√	√
法国	CAC40指数	√	√
德国	DAX指数	√	√
中国	上证综指	2006.8.1	2010.3.31
香港	恒生指数	1994.1.3	1994.1.3
日本	日经225指数	√	√

注："√"表示该国家或地区在1990年1月之前就可以卖空。

数据来源：蔡向辉．海外股指期货与卖空机制退出时间比较分析[J]．股票市场导报，2007(11)．

基于表5.3可以发现，在本书所选取的世界主要国家和地区的股票市场上，卖空行为都已合法并可行。那么，在这些国家和地区的证券市场上，目前已具备"合法性"和"可行性"的卖空机制是否是完全不受限制的呢?

亚洲股票市场上，中国内地股票市场长期严格禁止卖空交易。2010年3月31日融资融券业务的启动标志着我国A股市场开始引入做空交易，从此，中国股票市场有了卖空机制。但是，目前的融资利率以及融券费率都比较高，投资者普遍认为融资融券业务的实施需要较高的成本。并且在融资融券业务推行的初期，我国股票市场将限制投资者进行“裸卖空”交易，同时卖空交易的执行过程还将受到“报升规则”① 和“保证金规则”的制约。可见，在我国内地股票市场上，卖空还存在很大的限制成分。中国香港股票市场自 1994 年引入卖空机制起便对卖空交易实施报升规则。虽然在香港股票市场上，报升规则已于 1996 年被取消，但在 1998 年亚洲金融危机后再次被实施，可见香港股票市场上的卖空交易同样受到一定程度的制约。在日本，1954 年“证券金融公司”的成立标志着日本证券市场卖空机制的确立。证券金融公司的职责主要是为投资者融资买空以及融券卖空提供专业化的服务，因此它的成立也同时意味着投资者进行做空交易的可行性。但是，在日本证券市场上，证券金融公司对证券的垄断却是日本卖空交易最大的特点。证券金融公司垄断地位的形成主要源于日本证券市场特殊的交易模式。按照规定，如果投资者想借入证券，必须先经过“证券公司”，再由证券公司统一向证券金融公司借入。投资者不能直接向证券金融公司借入股票，同时证券公司也不能通过其他机构借入证券。这样，证券金融公司就处于了绝对的垄断地位。虽然日本证券市场上这种特殊的卖空交易形式有利于监管机构对卖空机制的严格管理，但却增加了卖空交易的成本，使得卖空交易受到很大程度的限制。综上所述，在亚洲股票市场上，卖空会受到卖空交易成本或者卖空限制规则的影响，卖空机制存在一定的限制成分。

实际上，即使在相对成熟的欧美股票市场上，卖空交易也不是完全没有限制。美国股票市场自 1929 年起一直对卖空交易实施“报升规则”。根

① “报升规则”最早源自于美国，也称为“上涨抛空”。根据报升规则，只有在卖空价格高于最新的股票成交价格时，投资者才可以卖空。美国最初引入报升规则的目的是为了避免金融危机时期的卖空导致暴跌。“报升规则”于 1929 年股灾后在美国开始实施，并于 2007 年被彻底被废除。

据该规则，只有在股票的卖空价格高于最近一期的交易价格时，投资者才可以卖空股票。报升规则虽然于2007年被取消，但在2010年2月24日，美国股票交易委员会（SEC）又制定了新的卖空限制规则。新的卖空限制规则规定，当股票在一天之内的跌幅超过10%的时候，相关的卖空交易就会被限制。并且投资者如果想卖空某只股票，必须保证卖空价格在全国最优出价之上。不仅如此，在股票回落的当日和次日，卖空限制都是有效性的。当然，在2007年到2010年报升规则被取消期间，SEC也曾多次对美国股票市场上的卖空交易实施长期或短期的卖空禁令。最典型的，2008年全球金融危机时期，为防止投资者以卖空交易为手段来操纵股市并获取暴利，SEC在2008年7月对19家金融股的裸卖空交易实施了为期一年的禁令。2009年7月27日，SEC又在裸卖空禁令即将到期之时设立了永久性限制裸卖空的法令。可见，在美国股票市场上，卖空交易也并非完全不受任何限制。

同样，在欧洲股票市场上，投资者的卖空行为也会或多或少地受到监管机构的制约。与美国股票市场上的情况不同，欧洲地区股票市场一般不对卖空交易实施报升规则。虽然在1990年之前，卖空交易在欧洲地区英国、法国、德国股票市场就已经具有合法性和可行性，但是投资者的卖空交易同样会受到不同程度的制约。尤其是在面对重大经济金融危机的时候，实施长期或者短期的卖空禁令同样是欧洲股票市场监管机构通常会采取的措施。全球金融危机时期，英国自2008年9月18日开始对金融股实施了为期近四个月的卖空禁令。法国金融监管当局（AMF）于2008年9月开始对法国股市实施卖空限制禁令，之后又曾三次延长该卖空禁令，直至2010年1月底，总禁期长达16个月之久。此外，欧洲主权债务危机时期，裸卖空交易的存在被认为加速了债务危机的进一步恶化。因此，面对此次债务危机，对卖空或者裸卖空交易实施一定期限的禁令又一次成为欧元区主要国家所采取的措施。德国政府于2010年5月18日对欧元区国债以及部分金融股实施裸卖空禁令，并且此次禁令的有效期长达10个月之久。法国金融市场管理局于2011年8月11日对十只金融股实施了为期3个月的卖空禁令，之后这一禁令又再次被延长了3个月。可见，在美洲和欧洲股票市场上，卖空同样会受到卖空禁令以及卖空限制规则等因素的制约，卖空机制也存在一定程度的限制成分。

综上所述，虽然本书选取的世界主要国家和地区股票市场上的卖空行为都已合法化并具备可行性，但是卖空交易并非完全不受限制。尤其是在应对重大经济金融危机的时刻，为期望能够达到稳定资产价格的目的，限制卖空已成为一种主要的缓解经济形势的手段。不仅如此，相关卖空限制规则的实施，以及卖空交易成本的存在同样会使得卖空交易受到一定程度的限制。因此，现实的股票市场不可能达到一种完全的自由卖空状态。无论是在相对成熟的欧美股票市场还是处于发展阶段的亚洲股票市场，卖空均存在一定程度的限制。这一点也通过我们的实证分析得到了证实，全球主要股票市场上异质信念与股票预期收益均表现出了负相关关系。

鉴于中国内地股票市场特殊的卖空机制，为了对本书给出的上述原因进行更有效的分析，考虑以上证综指作为分析对象，检验引入卖空机制后异质信念与股票预期收益之间的负相关关系是否发生变化。以2010年3月31日为界，在2006年至2011年的样本区间内构造卖空虚拟变量 dss_t，将卖空虚拟变量加入到混合 GARCH－M 模型中，考虑如下的模型（5.2.1）：

$$\begin{aligned} y_t &= f(x_{t-1}) + \delta_1\sqrt{h_t} + \delta_2 dss_t + \varepsilon_t \\ \varepsilon_t &= z_t\sqrt{h_t} \\ h_t &= \alpha + \beta_1\exp(\beta_2 d2_{t-1})\varepsilon_{t-1}^2 + \gamma h_{t-1} \end{aligned} \tag{5.2.1}$$

其中，$dss_t = \begin{cases} 0 & \text{2006年1月4日至2010年3月30日} \\ 1 & \text{2010年3月31日至2011年12月30日} \end{cases}$

对上述加入卖空虚拟变量后的 GARCH－M 模型进行估计，估计结果由表5.4给出。

表5.4　加入卖空虚拟变量后包含异质信念的GARCH－M估计结果

指数	样本量	c	α	β_1	β_2	γ	δ_1	δ_2	likelihood
上证综指	1459	0.363 **	0.028 **	0.067 ***	0.082 *	0.937 ***	－0.114	－0.306 ***	－2890.371
		(2.08)	(2.25)	(5.72)	(1.85)	(81.79)	(－1.17)	(－3.41)	

注：表中，***、**、*分别表示1%、5%、10%的显著性水平，括号内数值为相应参数估计的t值，Tip＝0.1。

由表5.4中模型（5.2.1）的估计结果可以看到，虚拟变量的系数估计值显著不为零，说明卖空虚拟变量是有意义的。引入卖空虚拟变量后，异质信念与股票预期收益之间仍然保持负相关关系。可见，融资融券业务启动之后我国股票市场仍然受到卖空限制的影响，但所受卖空限制的程度有所减弱。我们注意到δ_1系数估计值已变得不显著，因此可以认为，引入卖空机制后，股票价格相对于其真实价值被高估的程度降低，从而在一定程度上减弱了异质信念与股票预期收益之间的负相关关系，检验结果支持了我们的原因分析。说明我国股票市场引入卖空机制后，与以前严格限制卖空的情况相比，卖空限制的程度有所减弱，股票价格被高估的程度有所降低①。

下面对本章基于2006年至2011年日交易数据得出的异质信念与股票预期收益关系的实证结果进行稳健性检验。

（1）由于股票市场普遍存在周效应，而本书是基于日交易数据研究的

① 根据Miller（1977）的理论分析，异质信念的假设前提条件下，股票真实价值可以视为市场上所有乐观投资者和悲观投资者的平均估价。投资者异质信念的情况下，对股票持悲观态度而未持有该股票的投资者因为受到卖空限制的影响将无法充分参与市场中的交易。这样股票价格将主要显现乐观投资者的评价，表现为高于其真实价值。卖空限制越严格，不能充分参与市场的悲观投资者数目会越多，相对于其真实价值，股票价格被高估的程度就越严重。我国内地股票市场引入卖空机制后，与以往严格限制卖空的机制相比，卖空限制的程度有所减弱，导致股票价格被高估的程度降低。

异质信念与股票预期收益之间的关系。为此，我们利用上证综指和道琼斯指数 2006 年至 2011 年的周数据对异质信念与股票预期收益之间的关系进行分析，进一步检验异质信念与股票预期收益之间的关系。基于周数据的包含异质信念 GARCH－M 模型的估计结果由表 5.5 给出。

表 5.5　包含异质信念的 GARCH－M 模型估计结果——基于周数据

指数	样本量	c	α	β_1	β_2	γ	δ	likelihood
道琼斯指数	313	0.420 (1.23)	0.575*** (3.95)	0.326*** (4.21)	0.002** (2.01)	0.634*** (14.82)	−0.052 (−0.32)	−716.350
富时 100 指数	313	−0.277 (−0.73)	0.475*** (4.37)	0.265*** (4.84)	0.050* (1.83)	0.733*** (28.67)	−0.216 (−1.38)	−752.346
CAC40 指数	313	0.349 (0.47)	0.320* (1.84)	0.015* (1.93)	0.707*** (4.54)	0.922*** (32.03)	−0.179 (−0.75)	−811.011
DAX 指数	313	0.073 (0.19)	0.443*** (2.84)	0.323*** (4.72)	0.200* (1.74)	0.742*** (15.39)	−0.122 (−0.85)	−804.281
上证综指	306	−0.442 (−0.50)	0.263 (0.79)	0.074* (1.71)	0.004* (1.72)	0.912*** (16.65)	−0.166* (−1.72)	−844.122
恒生指数	313	0.398 (0.69)	0.400 (1.64)	0.169*** (2.99)	0.357* (1.66)	0.850*** (18.40)	−0.041 (−0.22)	−819.128
日经 225 指数	313	−0.111 (−0.21)	0.594*** (4.76)	0.252*** (4.14)	0.097*** (2.70)	0.745*** (16.57)	−0.067 (−0.36)	−799.066

注：表中，***、**、*分别表示 1%、5%、10% 的显著性水平，括号内数值为相应参数估计的 t 值，Tip＝0.1。

表 5.5 基于周数据的检验结果进一步表明，在本书选取的全球主要股票市场上，异质信念与股票预期收益均具有负的相关关系。但同时各股票市场上异质信念与股票预期收益之间负相关关系的程度是不同的。欧美地区异质信念与股票预期收益之间的负相关关系普遍比较弱。亚洲地区，中国香港和日本股票市场上异质信念与股票预期收益之间的负相关关系比较弱，中国内地股票市场上异质信念与股票预期收益之间的负相关关系相对较强。虽然各市场股票价格被高估的具体程度略有变化，但基于周数据的

检验结果基于与日交易数据的结果一致。

（2）2006年至2011年间，无论是在欧美股票市场上还是亚洲股票市场上，股指都经历了暴涨暴跌。那么股指的上涨或者下跌对本书分析的异质信念与股票预期收益之间的关系是否有影响呢？

美洲股票市场上，首先对道琼斯指数的上涨区间和下跌区间进行区分，分别检验上涨区间和下跌区间内异质信念与股票预期收益之间的关系。

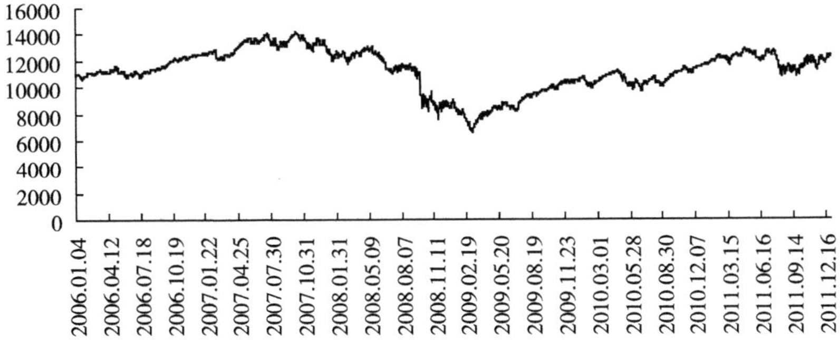

图5－9　道琼斯指数日收盘价变化图

注：横轴为道琼斯指数的交易日，纵轴为收盘价。

对于道琼斯指数，观察图5－9道琼斯指数在2006年至2011年的日收盘价格的变化图，选取2007年10月9日至2009年3月9日区间为下跌区间，2009年3月10日至2011年4月29日区间为上涨区间，分析在美国股票市场上异质信念与股票预期收益之间的关系是否受到道琼斯指数上升、下跌区间的影响。包含异质信念变量GARCH－M模型在上涨和下跌区间段内的估计结果由表5.6给出。

表5.6的估计结果表明，对于道琼斯指数，在上涨阶段与下跌阶段内，异质信念与股票预期收益之间均具有较弱的负相关关系。同时我们注意到，在下跌区间段内异质信念与股票预期收益之间的负相关关系相对

更弱。

表 5.6　包含异质信念的 GARCH－M 模型估计结果——道琼斯指数

区间	样本量	c	α	β_1	β_2	γ	δ	likelihood
下跌区间	334	－0.191 (－0.77)	0.064 (1.42)	0.126*** (4.02)	0.112* (1.74)	0.869*** (29.56)	－0.118 (－0.12)	－673.499
上涨区间	506	－0.016 (－0.13)	0.027** (2.35)	0.139*** (3.63)	0.236* (1.92)	0.863*** (33.52)	－0.178 (－1.31)	－730.175

注：表中，***、**、*分别表示1%、5%、10%的显著性水平，括号内数值为相应参数估计的 t 值，Tip＝0.1。

欧洲股票市场上，类似的，将股指区分为上涨阶段和下跌阶段，分别检验在两个区间段内异质信念与股票预期收益之间的关系。

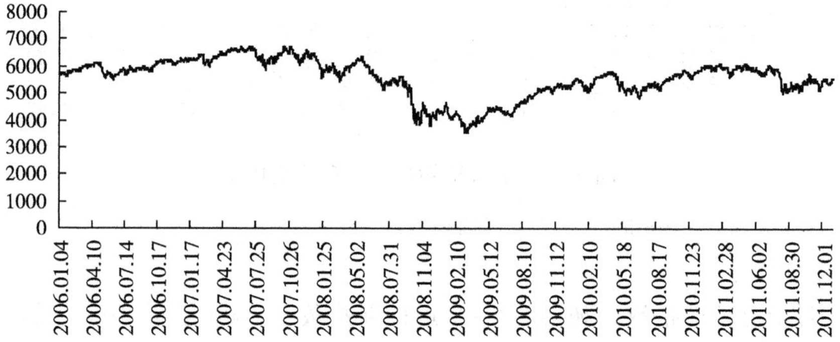

图 5－10　富时 100 指数日收盘价变化图

注：横轴为富时 100 指数的交易日，纵轴为收盘价。

观察图 5－10 富时 100 指数 2006 年至 2011 年的日收盘价变化图，选取 2007 年 6 月 15 日至 2009 年 3 月 3 日为下跌区间，2009 年 3 月 4 日至 2011 年 2 月 17 日为上涨区间，包含异质信念变量 GARCH－M 模型在上涨和下跌区间段内的估计结果由表 5.7 给出。

表 5.7　包含异质信念的 GARCH－M 模型估计结果——富时 100 指数

区间	样本量	c	α	β_1	β_2	γ	δ	likelihood
下跌区间	409	－0.306 (－1.23)	0.091 * (1.73)	0.210 *** (3.78)	0.351 * (1.67)	0.833 *** (22.22)	－0.150 (－0.94)	－807.288
上涨区间	465	－0.129 (0.53)	0.030 * (1.76)	0.097 *** (3.68)	0.340 *** (9.94)	0.919 *** (41.03)	－0.242 (－1.49)	－731.963

注：表中，*** 、* 分别表示 1%、10% 的显著性水平，括号内数值为相应参数估计的 t 值，Tip＝0.1。

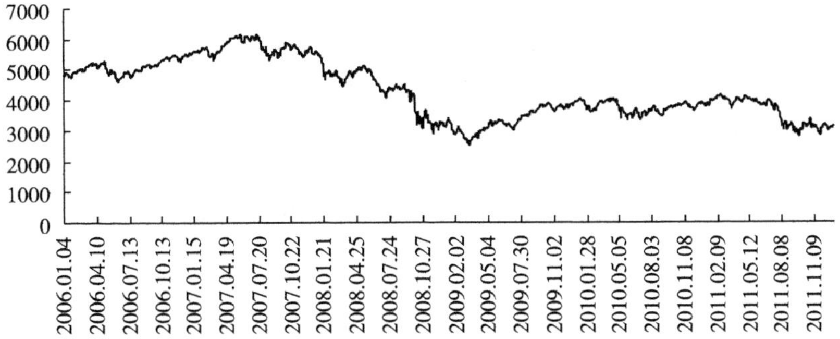

图 5－11　CAC40 指数日收盘价变化图

注：横轴为 CAC40 指数的交易日，纵轴为收盘价。

根据图 5－11 中 CAC40 指数 2006 年至 2011 年的日收盘价变化情况，选取 2007 年 6 月 1 日至 2009 年 3 月 9 日为下跌区间，2009 年 3 月 10 日至 2011 年 2 月 18 日为上涨区间，包含异质信念 GARCH－M 模型在上涨和下跌区间段内的估计结果由表 5.8 给出。

表 5.8　包含异质信念的 GARCH－M 模型估计结果——CAC40 指数

区间	样本量	c	α	β_1	β_2	γ	δ	likelihood
下跌区间	427	－0.244 (－1.09)	0.070 (1.59)	0.177 *** (4.02)	0.092 * (1.84)	0.841 *** (27.80)	－0.100 (－0.31)	－858.048
上涨区间	470	－0.036 (－0.14)	0.088 ** (2.01)	0.122 ** (3.27)	0.062 *** (2.41)	0.845 *** (24.14)	－0.145 (－0.72)	－625.081

注：表中，*** 、** 、* 分别表示 1%、5%、10% 的显著性水平，括号内数值为相应参数估计的 t 值，Tip＝0.1。

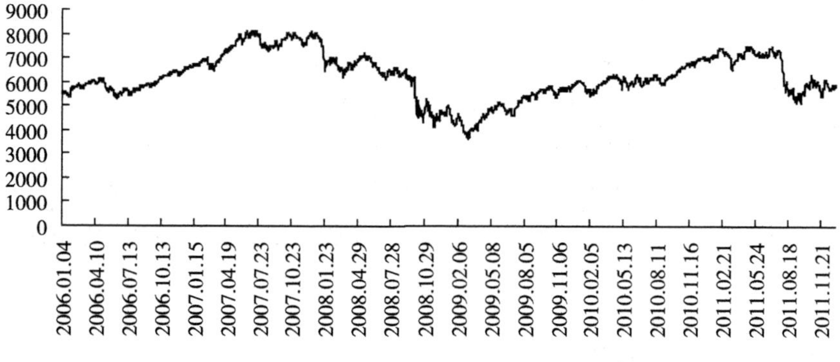

图 5－12 DAX 指数日收盘价变化图

注：横轴为 DAX 指数的交易日，纵轴为收盘价。

根据图 5－12 中 DAX 指数 2006 年到 2011 年的日收盘价变化情况，选取 2007 年 7 月 16 日到 2009 年 3 月 6 日为下跌区间，2009 年 3 月 9 日到 2011 年 4 月 29 日，包含异质信念变量 GARCH－M 模型在上涨和下跌区间段内的估计结果由表 5.9 给出。

表 5.9 包含异质信念的 GARCH－M 模型估计结果——DAX 指数

区间	样本量	c	α	β_1	β_2	γ	δ	likelihood
下跌区间	392	－0.063 (－0.32)	0.065* (1.82)	0.159*** (3.90)	0.042* (1.94)	0.856*** (26.82)	－0.019 (－0.14)	－775.742
上涨区间	513	0.105 (－0.42)	0.042* (1.93)	0.085** (3.18)	0.070*** (2.89)	0.904*** (31.33)	－0.206 (－1.00)	－860.596

注：表中，***、**、*分别表示 1%、5%、10%的显著性水平，括号内数值为相应参数估计的 t 值，Tip＝0.1

表 5.7、表 5.8、表 5.9 中的估计结果表明，欧洲股票市场上，对于富时 100 指数、CAC40 指数、DAX 指数，异质信念与股票预期收益在上涨和下跌区间段内均表现出了较弱的负相关关系。同时，在下跌区间段内，各指数异质信念与股票预期收益之间的关系相对更弱。

亚洲股票市场上，同样对股指的上涨区间和下跌区间进行区分，分别检验上涨和下跌区间内异质信念与股票预期收益之间的关系。

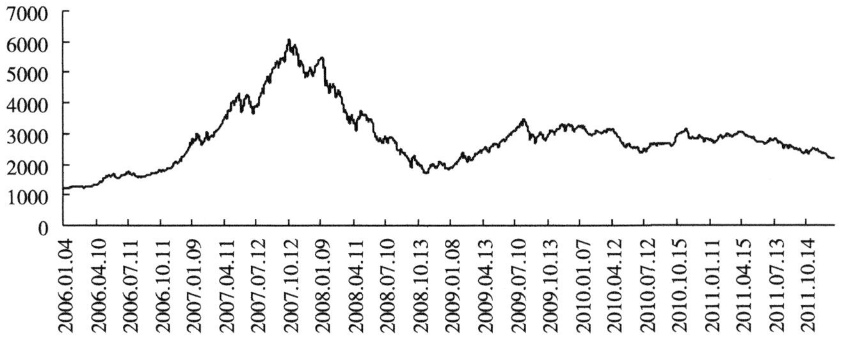

图 5－13 上证综指日收盘价变化图

注：横轴为上证综指的交易日，纵轴为收盘价。

根据图 5－13 上证综指在 2006 年到 2011 年的日收盘价格变化情况，选取上证综指在 2006 年 1 月 4 日至 2007 年 10 月 16 日为上涨区间以及 2007 年 10 月 17 日至 2008 年 11 月 4 日为下跌区间，检验在中国内地股票市场上，异质信念与股票预期收益之间的关系是否受股指暴涨暴跌的影响。包含异质信念变量 GARCH－M 模型在上涨和下跌区间段内的估计结果由表 5. 10 给出。

表 5. 10 包含异质信念的 GARCH－M 模型估计结果——上证综指

区间	样本量	c	α	β_1	β_2	γ	δ	likelihood
上涨区间	430	0. 348	0. 042 *	0. 057 ***	0. 489 ***	0. 900 ***	－0. 029 **	－827. 266
		(1. 64)	(1. 72)	(3. 42)	(4. 58)	(46. 02)	(－2. 05)	
下跌区间	258	0. 399	0. 049 *	0. 049 **	0. 553 ***	0. 893 ***	－0. 062	－625. 081
		(1. 49)	(1. 69)	(2. 59)	(4. 09)	(34. 45)	(－1. 29)	

注：表中，***、**、* 分别表示 1%、5%、10% 的显著性水平，括号内数值为相应参数估计的 t 值，Tip＝0. 1。

由表 5. 10 中上证综指的检验结果我们发现，上涨区间和下跌区间内，异质信念与股票预期收益仍然具有负的相关关系。但是，异质信念与股票预期收益在上涨区间内具有显著的负相关关系，而下跌区间内的负相关关系比较弱。

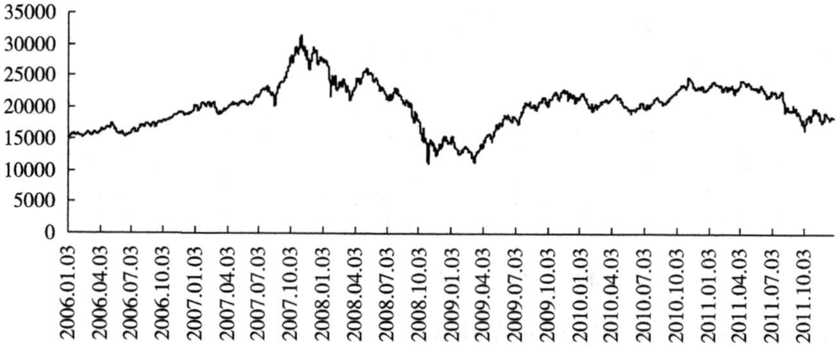

图 5－14 恒生指数日收盘价变化图

注：横轴为恒生指数的交易日，纵轴为收盘价。

根据图 5－14 中恒生指数日收盘价的变化情况，选取 2006 年 1 月 3 日至 2007 年 10 月 30 日为上涨区间，2007 年 10 月 31 日至 2008 年 10 月 27 日为下跌区间，包含异质信念变量 GARCH－M 模型在上涨和下跌区间段内的估计结果由表 5.11 给出。

表 5.11 包含异质信念的 GARCH－M 模型估计结果——恒生指数

区间	样本量	c	α	β_1	β_2	γ	δ	likelihood
上涨区间	448	－0.121	0.033*	0.090***	0.306**	0.905***	－0.257	－681.757
		(－0.55)	(1.68)	(2.81)	(2.53)	(33.63)	(－1.23)	
下跌区间	241	－0.639*	0.235	0.275***	0.046**	0.742***	－0.200	－555.828
		(－1.71)	(1.22)	(3.15)	(2.39)	(10.06)	(－1.12)	

注：表中，***、**、* 分别表示 1%、5%、10% 的显著性水平，括号内数值为相应参数估计的 t 值，Tip＝0.1。

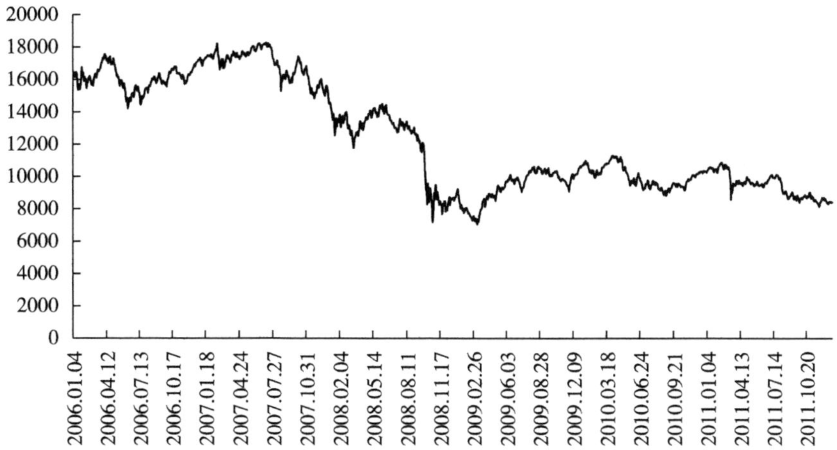

图 5－15　日经 225 指数日收盘价变化图

注：横轴为日经 225 指数的交易日，纵轴为收盘价。

表 5.12　包含异质信念的 GARCH－M 模型估计结果——日经 225 指数

区间	样本量	c	α	β_1	β_2	γ	δ	likelihood
下跌区间	386	－0.379	0.149**	0.146***	0.036***	0.839***	－0.102	－828.855
		(1.24)	(2.01)	(3.51)	(2.20)	(27.57)	(－0.63)	
上涨区间	248	－1.200	0.191	0.110*	0.086*	0.813***	－0.097	－442.746
		(－1.18)	(1.24)	(1.66)	(1.72)	(7.54)	(－1.33)	

注：表中，***、**、*分别表示 1%、5%、10% 的显著性水平，括号内数值为相应参数估计的 t 值，Tip＝0.1。

根据图 5－15 中日经 225 指数收日盘价变化情况，选取 2007 年 7 月 9 日至 2009 年 3 月 10 日为下跌区间，2009 年 3 月 11 日至 2011 年 4 月 7 日为上涨区间，包含异质信念变量 GARCH－M 模型在上涨和下跌区间段内的估计结果由表 5.12 给出。

表 5.10、表 5.11、表 5.12 中的估计结果表明，亚洲股票市场上，对于恒生指数和日经 225 指数，异质信念与股票预期收益在上涨和下跌区间段内均表现出了较弱的负相关关系且在下跌区间段内异质信念与股票预期

收益之间的关系相对更弱。对于上证综指，异质信念与股票预期收益在上涨区间段内表现出了显著的负相关关系，而下跌区间段内的负相关关系相对较弱。

通过对美洲股票市场道琼斯指数、欧洲股票市场富时 100 指数、CAC40 指数、DAX 指数以及亚洲股票市场上证综指、恒生指数和日经 225 指数进行分区间检验后我们发现，区分为上涨区间和下跌区间后，异质信念与股票预期收益之间仍然具有负的相关关系，检验结果与本节 2006 年至 2011 年整体样本区间的检验结果基本一致。

此外注意到，七个全球重要指数基本表现出了相对于股指下跌阶段，上涨区间段内异质信念与股票预期收益之间具有更强的负相关关系。由于受卖空限制的影响，在上涨区间段内，股票价格因为主要受乐观投资者的推动，相对于真实价值被高估的程度会更严重，因此异质信念与股票预期收益之间表现出了更强的负相关关系。而在下跌阶段，悲观投资者累积的隐藏信息可能会被释放出来，因此下跌阶段股票价格被高估的程度会变弱，异质信念与股票预期收益之间负相关关系也会比较弱。

综上所述，基于周数据和将样本区间区分为上涨和下跌区间以后的实证分析结果与本书日交易样本的结果基本一致，这说明我们得到的异质信念与股票预期收益之间的关系是稳健的。

本节利用本章第一节构造的包含异质信念的 GARCH - M 模型检验了全球七个重要股票市场上投资者异质信念与股票预期收益之间的关系。实证分析结果表明，无论是在相对成熟的欧美股票市场上还是在处于发展阶段的亚洲股票市场上，投资者异质信念与股票预期收益之间均存在着负相关关系。但是，相对于中国内地股票市场，欧美股票市场以及亚洲地区中国香港、日本股票市场上投资者异质信念与股票预期收益之间的负相关关系比较弱。基于我国内地股票市场的卖空机制，引入卖空虚拟变量后发现，卖空机制的引入能够在一定程度上降低异质信念与股票预期收益之间的负相关关系。因此我们认为，美洲、欧洲以及亚洲股票市场由于受卖空限制的影响，异质信念与股票预期收益均表现出了负相关关系，同时二者之间负相关关系的程度受卖空限制程度的影响。中国内地股票市场卖空机制相对严格而欧美股票市场以及亚洲中国香港股票市场、日本股票市场卖空机制比较宽松，因此，相对于欧美股票市场以及亚洲中国香港市场、日本股票市场，我国内地股票市场异质信念与股票预期收益之间的负相关系更强。同时，基于周数据和对样本区间进行上涨和下跌区间区分后的实证检验结果也得出了基本一致的结论，说明本节得出的异质信念与股票预期收益关系的结论具有一定的稳健性。

第三节　小结

在本书第三章第二节构造的包含异质信念 GARCH – M 模型的基础上，本章基于未预期交易量构造了投资者异质信念代理变量并利用该模型对世界主要股票市场上投资者异质信念与股票预期收益之间的关系进行了实证检验。

包含异质信念的 GARCH – M 模型的实证分析结果表明，在全球主要资本市场上，投资者异质信念与股票预期收益普遍具有负的相关关系，即异质信念程度越强，股票预期收益越低。但是，异质信念的与股票预期收益之间负相关关系的程度是不同的。欧美地区异质信念与股票预期收益之间的负相关关系普遍比较弱。亚洲地区，中国内地股票市场上的负相关关系相对较强，中国香港和日本股票市场上异质信念与股票预期收益之间的负相关关系较弱。具体来看，中国内地市场股票价格被高估的程度最严重，其次是德国、英国和日本。中国香港、法国和美国市场上股票价格被高估的程度比较低。

全球主要股票市场上投资者异质信念与股票预期收益之间均表现出了负的相关关系，这可能是因为卖空限制的影响。中国内地股票市场卖空限制相对严格，股票价格被高估的程度更严重，导致异质信念与股票预期收益之间呈现出较强的负相关，而欧美股票市场以及亚洲地区的中国香港和日本股票市场卖空限制相对宽松，异质信念与股票预期收益之间的负相关关系较弱。

第六章　异质信念下的混合分布假说理论

第一节　传统混合分布假说理论实证分析

在第二章第二节的文献综述中，本书已经对混合分布假说理论以及相关的实证研究进行了分析。Clark（1973）指出，由于混合信息流变量的不可观测性，可以用交易量来替代无法被观测的信息流变量。之后，出现了对交易量作为信息流代理变量有效性的检验以及对其他信息流代理变量的研究。Lamoureux 和 Lastraps（1990）在混合分布假说理论的基础上，通过实证分析得出结论：交易量作为无法被观测的信息流的代理变量对收益波动具有很强的解释能力。

基于此，本章将在异质信念的假设前提下对混合分布假说理论进行实证检验。通过对交易量以及本书异质信念构建过程中所使用的信息交易量和未预期交易量进行对比分析，进一步观察异质信念的前提下，交易量、信息交易量、未预期交易量，哪个变量作为信息流的替代变量更为合理。

首先，考虑到收益率序列的自相关，通过对不同的模型进行对比分析后建立如下形式的 GARCH 模型来检验美洲、欧洲、亚洲股票市场上交易量（V_t）是否可以作为信息流的替代变量，吸收价格波动的持续性。

$$r_t = \varphi_0 + \sum_{i=1}^{n} \varphi_i r_{t-i} + \varphi_1 dum1_t + \varphi_2 dum2_t + \varepsilon_t$$

$$h_t = \alpha_0 + \alpha_1 \varepsilon_{t-1}^2 + \alpha_2 h_{t-1} \quad (6.1.1)$$

$$h_t = \alpha_0 + \alpha_1 \varepsilon_{t-1}^2 + \alpha_2 h_{t-1} + \beta V_t \quad (6.1.2)$$

其中，$dum1_t$、$dum2_t$ 为虚拟变量，定义为：

$$dum1_t = \begin{cases} 1, & r_t \geq 0.2 \\ 0, & r_t < 0.2 \end{cases}$$

$$dum2_t = \begin{cases} 1 \quad , \quad r_t \leqslant -0.2 \\ 0 \quad , \quad r_t > -0.2 \end{cases}$$

引入虚拟变量的目的是为了刻画收益率序列的变化情况。

表 6.1　道琼斯指数信息流替代变量检验结果——基于交易量

模型	α_1	α_2	β	$\alpha_1 + \alpha_2$
(6.1.1)	0.092 *** (7.50)	0.900 *** (74.69)		0.992
(6.1.2)	0.253 *** (8.17)	0.621 *** (29.71)	0.547 *** (9.63)	0.874

注：表中，*** 表示 1% 的显著性水平，括号内数值为相应参数估计的 t 值。

美洲股票市场上，表 6.1 中道琼斯指数的检验结果表明，在未加入交易量之前，代表价格波动持续性的参数（$\alpha_1 + \alpha_2$）的值为 0.992，接近于 1，说明美国股票市场上的价格波动以一个相对较慢的速度衰减。加入交易量以后，（$\alpha_1 + \alpha_2$）变为 0.874，有一定程度的减小，因此将交易量视为信息流的代理变量具有一定的合理性。但由于持续性参数（$\alpha_1 + \alpha_2$）的减小幅度不大，说明交易量只能较低程度地吸收价格波动的持续性。此外注意到在模型（6.1.2）中，交易量系数显著为正，交易量与价格波动同方向变化，这一点与混合分布假说理论关于"信息流的到达将同时带来价格波动和交易量"的观点相一致。

表 6.2　富时 100 指数信息流替代变量检验结果——基于交易量

模型	α_1	α_2	β	$\alpha_1 + \alpha_2$
(6.1.1)	0.106 *** (7.83)	0.887 *** (67.28)		0.993
(6.1.2)	0.262 *** (8.77)	0.574 *** (16.69)	0.408 *** (7.13)	0.836

注：表中，*** 表示 1% 的显著性水平，括号内数值为相应参数估计的 t 值。

表 6.3　CAC40 指数信息流替代变量检验结果——基于交易量

模型	α_1	α_2	β	$\alpha_1+\alpha_2$
(6.1.1)	0.107 *** (14.80)	0.890 *** (124.73)		0.997
(6.1.2)	0.101 *** (7.44)	0.880 *** (58.88)	0.070 *** (4.66)	0.981

注：表中，*** 表示 1% 的显著性水平，括号内数值为相应参数估计的 t 值。

表 6.4　DAX 指数信息流替代变量检验结果——基于交易量

模型	α_1	α_2	β	$\alpha_1+\alpha_2$
(6.1.1)	0.102 *** (13.35)	0.890 *** (109.60)		0.992
(6.1.2)	0.085 *** (12.44)	0.897 *** (111.47)	0.041 *** (14.72)	0.982

注：表中，*** 表示 1% 的显著性水平，括号内数值为相应参数估计的 t 值。

欧洲股票市场上，表 6.2、表 6.3、表 6.4 中富时 100 指数与 CAC40 指数、DAX 指数的检验结果表明，未加入交易量之前，价格波动持续性参数（$\alpha_1+\alpha_2$）的取值均接近于 1，说明在欧洲股票市场上也存在较强的价格波动持续性和聚集效应。对于富时 100 指数，在 GARCH 模型的条件方差方程中加入交易量后，持续性参数（$\alpha_1+\alpha_2$）变为 0.836，作为信息流的代理变量，交易量能够部分吸收价格的持续性波动。对于 CAC40 指数，在 GARCH 模型的条件方差方程中加入交易量后，持续性参数为 0.981，降低幅度很小。类似的对于 DAX 指数，在 GARCH 模型的条件方差方程中加入交易量后，持续性参数为 0.982，降低幅度也很小。三个指数交易量系数估计值均显著为正值，交易量与价格波动的变化方向一致。

亚洲股票市场上，同样未加入交易量之前，由表 6.5、表 6.6 和表 6.7 中上证综指、恒生指数、日经 225 指数的实证分析结果发现，在未加入交易量之前，代表价格持续性波动的参数（$\alpha_1+\alpha_2$）的取值均接近于 1，可见，亚洲股票市场上也存在较强的价格波动持续性和聚集效应。对于上证综指，加入交易量以后，代表价格持续性波动参数（$\alpha_1+\alpha_2$）降低为0.795，用交易量替代信息流变量相对合理。恒生指数和日经225指数加入交易量后的持续性参数减小幅度不大。同样，三个指数包含交易量序列的GARCH模型估计结果显示，交易量的增加能够加剧股票价格的波动，二者同向变动。

表6.5　上证综指信息流替代变量检验结果——基于交易量

模型	α_1	α_2	β	$\alpha_1+\alpha_2$
(6.1.1)	0.061*** (7.64)	0.932*** (110.25)		0.993
(6.1.2)	0.166*** (6.57)	0.629*** (15.39)	4.812*** (74.88)	0.795

注：表中，***表示1%的显著性水平，括号内数值为相应参数估计的t值。

表6.6　恒生指数信息流替代变量检验结果——基于交易量

模型	α_1	α_2	β	$\alpha_1+\alpha_2$
(6.1.1)	0.088*** (7.50)	0.904*** (73.51)		0.992
(6.1.2)	0.106*** (10.81)	0.869*** (81.34)	0.377*** (10.99)	0.975

注：表中，***表示1%的显著性水平，括号内数值为相应参数估计的t值。

表6.7　日经225指数信息流替代变量检验结果——基于交易量

模型	α_1	α_2	β	$\alpha_1+\alpha_2$
(6.1.1)	0.062*** (7.67)	0.931*** (108.09)		0.993
(6.1.2)	0.131*** (8.70)	0.842*** (45.88)	0.159*** (3.48)	0.973

注：表中，***表示1%的显著性水平，括号内数值为相应参数估计的t值。

综上所述，对于道琼斯指数、富时100指数、CAC40指数、上证综指、恒生指数、日经225指数，模型（6.1.1）和模型（6.1.2）的估计结果表明：

在美洲、欧洲、亚洲股票市场上，股票价格波动具有较强的聚集性和持续性，交易量的增加能够带来股票价格更大幅度的波动，交易量与价格波动同向变动。

对于美洲股票市场道琼斯指数、欧洲股票市场富时 100 指数、亚洲股票市场上证综指，交易量能够在一定程度上降低价格的持续性波动，说明用交易量来替代无法被观测的信息流变量具有一定的合理性。但是，对于欧洲股票市场 CAC40 指数、DAX 指数以及亚洲股票市场上的恒生指数和日经 225 指数，交易量对价格的持续性波动基本没有影响，持续性参数降低幅度非常小，交易量是否可以作为信息流的代理变量有待于进行进一步的检验。

第二节　异质信念下的混合分布假说理论实证分析

本书在本章第一节中已经对总体交易量作为信息流替代变量的合理性进行了检验，并且美洲股票市场道琼斯指数、欧洲股票市场富时 100 指数、亚洲股票市场上证综指的检验结果支持了混合分布假说理论。我们知道，混合分布假说理论同传统资产定价模型一样，是在投资者同质信念的假设条件下提出的，因此有必要对混合分布假说理论这一基础性的假设前提进行讨论。本章第一节中的检验结果显示，对于欧洲股票市场 CAC40 指数和 DAX 指数以及亚洲股票市场上的恒生指数和日经 225 指数，总体交易量对股票价格的持续性波动基本没有影响，因此对这三个指数而言，用总体交易量作为无法被观测的信息流的代理变量，其合理性让人质疑。不仅如此，虽然我们可以认为，对于美洲股票市场道琼斯指数、欧洲股票市场富时 100 指数以及亚洲股票市场上证综指而言，总体交易量作为无法被观测的信息流的代理变量是相对合理的。但是同时也应该注意到，对于这三个指数，虽然交易量能够在一定程度上降低价格的持续性波动，但下降幅度不是很大。

一、基于信息交易量的检验

在本书的4.1节中基于Andersen（1996）的思想，我们对交易量进行了区分，将交易量区分为流动性交易量和信息交易量，并且认为由于投资者信念差异产生的交易量应该不包括流动性原因产生的交易量，因此基于信息交易量构造了异质信念代理变量。本节将对流动性交易量和信息交易量进行实证检验，并与本章第一节中总体交易量检验结果进行对比分析，检验在投资者异质信念的假设前提下，总体交易量、流动性交易量、信息交易量中的哪个变量作为信息流的替代变量更为合理?

首先，将流动性交易量 LV_t、信息交易量 IV_t 分别加入到GARCH模型的条件方差方程中，对价格波动持续性参数的变化情况进行观察，模型定义如下：

$$r_t = \varphi_0 + \sum_{i=1}^{n} \varphi_i r_{t-i} + \varphi_1 dum1_t + \varphi_2 dum2_t + \varepsilon_t$$

$$h_t = \alpha_0 + \alpha_1 \varepsilon_{t-1}^2 + \alpha_2 h_{t-1} + \beta_1 LV_t \tag{6.2.1}$$

$$h_t = \alpha_0 + \alpha_1 \varepsilon_{t-1}^2 + \alpha_2 h_{t-1} + \beta_2 IV_t \tag{6.2.2}$$

其中，$dum1_t$ 与 $dum2_t$ 为虚拟变量，其定义与本章第一节中虚拟变量的定义相同。

美洲股票市场上，表6.8的检验结果表明，对于道琼斯指数，对代表价格持续性波动的参数（$\alpha_1+\alpha_2$）的变化情况进行对比分析后发现，加入流动性交易量后持续性参数（$\alpha_1+\alpha_2$）为0.991，与本章第一节中未加入交易量时（$\alpha_1+\alpha_2$）为0.992时的情况基本相同，仍然维持在接近于1的水平。加入信息交易量后，持续性参数变为0.827，与本章第一节中加入总体交易量时持续性参数（$\alpha_1+\alpha_2$）为0.874的情况相比，略有降低，说明信息交易量也能够在一定程度上吸收股票收益波动的持续性。此外，检验结果中流动性交易量的系数估计值显著为负，说明流动性交易量的增大能够降低市场上的收益波动。而信息交易量系数估计值显著为正，信息交易量的增加能够加速市场上的收益波动性。

表 6.8 道琼斯指数信息流替代变量检验结果——基于信息交易量

模型	α_1	α_2	β_1	β_2	$\alpha_1+\alpha_2$
(6.2.1)	0.094 *** (7.08)	0.897 *** (70.54)	-0.123 ** (-2.49)		0.991
(6.2.2)	0.284 *** (11.02)	0.543 *** (18.73)		0.204 *** (17.97)	0.827

注：表中，*** 、** 分别表示 1%、5% 的显著性水平，括号内数值为相应参数估计的 t 值。

欧洲股票市场上，表 6.9、表 6.10、表 6.11 中，富时 100 指数和 CAC40 指数、DAX 指数的检验结果表明，在 GARCH 模型的条件方差方程中加入流动性交易量后，持续性参数（$\alpha_1+\alpha_2$）分别为 0.992、0.986 和 0.989，流动性交易量对价格波动的持续性没有明显的影响，并且三个指数流动性交易量系数均显著为负，流动性交易量的产生能够降低市场上的收益波动性。加入信息交易量后，富时 100 指数持续性参数（$\alpha_1+\alpha_2$）变为 0.808，比本章第一节中加入总体交易量时持续性参数为 0.836 时略有降低，说明信息交易量也与总体交易量一样，能够部分吸收价格波动的持续性。对于 CAC40 指数，在本章第一节的检验结果中，用总体交易量替代信息流变量时对价格的持续性波动基本没有影响。但是，在加入信息交易量以后，代表价格持续性波动的参数（$\alpha_1+\alpha_2$）则降低为 0.688，说明用信息交易来替代无法被观测的信息流变量更具有合理性。类似地，对于 DAX 指数，在本章第一节的检验结果中，总体交易量也不能对价格波动的持续性具有一定的解释作用。但在 GARCH 模型的条件方差方程中加入信息交易量后，发现持续性参数也有一定的降低，变为 0.755。三个指数信息交易量与收益波动均同方向变化。

表 6.9　富时 100 指数信息流替代变量检验结果——基于信息交易量

模型	α_1	α_2	β_1	β_2	$\alpha_1+\alpha_2$
(6.2.1)	0.101 *** (6.81)	0.891 *** (56.80)	−0.039 * (−1.82)		0.992
(6.2.2)	0.284 *** (8.39)	0.524 ** (16.34)		5.485 *** (35.71)	0.808

注：表中，*** 、** 、* 分别表示 1%、5%、10% 的显著性水平，括号内数值为相应参数估计的 t 值。

表 6.10　CAC40 指数信息流替代变量检验结果——基于信息交易量

模型	α_1	α_2	β_1	β_2	$\alpha_1+\alpha_2$
(6.2.1)	0.101 *** (6.81)	0.885 *** (56.80)	−0.093 *** (−4.20)		0.986
(6.2.2)	0.227 *** (7.16)	0.461 *** (9.37)		0.121 *** (46.72)	0.688

注：表中，*** 表示 1% 的显著性水平，括号内数值为相应参数估计的 t 值。

表 6.11　DAX 指数信息流替代变量检验结果——基于信息交易量

模型	α_1	α_2	β_1	β_2	$\alpha_1+\alpha_2$
(6.2.1)	0.088 *** (12.16)	0.901 *** (15.94)	−0.777 *** (−19.68)		0.989
(6.2.2)	0.259 *** (8.43)	0.496 *** (16.98)		1.379 *** (11.52)	0.755

注：表中，*** 表示 1% 的显著性水平，括号内数值为相应参数估计的 t 值。

亚洲股票市场上，同样在 GARCH 模型的条件方差方程中加入流动性交易量时，表 6.12、表 6.13 和表 6.14 中，上证综指、恒生指数、日经 225 指数 GARCH 模型的估计结果表明，持续性参数（$\alpha_1+\alpha_2$）分别为 0.994、0.998 和 0.977，均接近于 1 且流动性交易量的系数估计值显著为负值，说明在亚洲股票市场上。类似地，流动性交易量也不能作为信息流的替代变量，但是流动性交易量同样具有降低收益波动的作用。对于上证综指，代表价格持续性波动的参数（$\alpha_1+\alpha_2$）在加入信息交易量以后降低为0.632。对于恒生指数和日经225指数，在6.1节中基于总体交易量的检验结果显示，总体交易量并不能有效降低价格波动的持续性。但在GARCH模型的条件方差方程中加入信息交易量后发现，恒生指数持续性参数为0.804，日经225指数为0.728，均有一定程度的降低，说明信息交易量能够部分吸收价格波动的持续性，可以作为信息流的替代变量。同样，三个指数包含信息交易量的GARCH模型估计结果显示，信息交易量的增加能够加剧股票收益的波动，二者同向变动。

表6.12　上证综合指数信息流替代变量检验结果——基于信息交易量

模型	α_1	α_2	β_1	β_2	$\alpha_1+\alpha_2$
(6.2.1)	0.054*** (6.90)	0.940*** (113.57)	−0.190*** (−4.72)		0.994
(6.2.2)	0.150*** (5.66)	0.482** (9.95)		0.382*** (7.54)	0.632

注：表中，***、**分别表示1%、5%的显著性水平，括号内数值为相应参数估计的t值。

表6.13　恒生指数信息流替代变量检验结果——基于信息交易量

模型	α_1	α_2	β_1	β_2	$\alpha_1+\alpha_2$
(6.2.1)	0.094*** (11.49)	0.904*** (12.64)	−0.026*** (−2.81)		0.998
(6.2.2)	0.349*** (9.37)	0.455* (19.71)		0.037*** (13.70)	0.804

注：表中，***、*分别表示1%、10%的显著性水平，括号内数值为相应参数估计的t值。

表6.14　日经225指数信息流替代变量检验结果——基于信息交易量

模型	α_1	α_2	β_1	β_2	$\alpha_1+\alpha_2$
(6.2.1)	0.163*** (13.20)	0.814*** (57.65)	−0.046*** (−4.40)		0.977

续表

模型	α_1	α_2	β_1	β_2	$\alpha_1+\alpha_2$
(6.2.2)	0.247 *** (10.42)	0.481 *** (16.77)		0.724 *** (20.56)	0.728

注：表中，*** 表示1%的显著性水平，括号内数值为相应参数估计的t值。

综上所述，对于道琼斯指数、富时100指数、CAC40指数、DAX指数、上证综指、恒生指数、日经225指数，模型（6.2.1）和模型（6.2.2）的估计结果表明：

流动性交易量的系数估计值显著为负，说明流动性交易量的增加能够降低股票市场上的收益波动。主要原因在于流动性交易量只是投资者为保持资产流动性或者控制风险而进行的交易，这部分交易量的增加会给信息交易者带来更多的投资对手，增加市场的流动性。因此，流动性交易量的增加应该能够具有降低市场波动的作用。而信息交易量的情况则相反，信息交易量的变化能够带来收益波动的同向变动。

在GARCH模型的条件方差方程中分别加入流动性交易量和信息交易量后发现，流动性交易量并不能明显降低价格波动的持续性。而信息交易量则能够在一定程度上吸收价格波动的持续性。对本节中基于信息交易量的检验结果与本章第一节中基于总体交易量的检验结果进行对比分析，我们会发现：与总体交易量相比较，信息交易量能够更大程度地降低股票价格的持续性波动，作为信息流的代理变量更为合理。异质信念的假设前提下，信息交易可以作为信息流的替代变量。因此，本书第三章第一节中构造的包含异质信念的GARCH模型可以称为一个以信息交易量为混合变量的混合GARCH模型。

二、基于未预期交易量的检验

本书的第五章第一节对交易量进行了更精确的细分，将交易量区分为预期交易量和未预期交易量，认为真正基于异质信念的交易量是交易量中不能被预知的成分，因此基于未预期交易量构造了投资者异质信念代理变量。与本章第二节一大点类似，本节将对预期交易量和未预期交易量进行实证检验，同时与本章第一节中基于总体交易量的检验结果进行对比分析，分析在投资者异质信念的假设前提下，总体交易量、预期交易量、未预期交易量中的哪个变量作为信息流的替代变量更为合理？

首先，将预期交易量（EV_t）和未预期交易量（UV_t）分别加入到GARCH模型的条件方差方程中，观察价格波动的持续性变化情况，模型定义如下：

$$r_t = \varphi_0 + \sum_{i=1}^{n} \varphi_i r_{t-i} + \varphi_1 dum1_t + \varphi_2 dum2_t + \varepsilon_t$$

$$h_t = \alpha_0 + \alpha_1 \varepsilon_{t-1}^2 + \alpha_2 h_{t-1} + \gamma_1 EV_t \tag{6.2.3}$$

$$h_t = \alpha_0 + \alpha_1 \varepsilon_{t-1}^2 + \alpha_2 h_{t-1} + \gamma_2 UV_t \tag{6.2.4}$$

其中，虚拟变量 $dum1_t$ 与 $dum2_t$ 的定义与本章第一节中的定义相同。

表 6.15　道琼斯指数信息流替代变量检验结果——基于未预期交易量

模型	α_1	α_2	γ_1	γ_2	$\alpha_1 + \alpha_2$
(6.2.3)	0.089 ***	0.903 ***	−0.129 ***		0.992
	(10.06)	(104.53)	(−2.75)		
(6.2.4)	0.291 ***	0.475 ***		0.818 ***	0.766
	(8.18)	(16.34)		(23.11)	

注：表中，*** 表示1%的显著性水平，括号内数值为相应参数估计的t值。

美洲股票市场上，表6.15的检验结果表明，对于道琼斯指数，在GARCH模型的条件方差方程中加入预期交易量和未预期交易量以后发现，加入预期交易量时持续性参数（$\alpha_1 + \alpha_2$）为0.992，而加入未预期交易量后持续性参数降低为0.776。与本章第一节中加入总体交易量时（$\alpha_1 + \alpha_2$）为0.874的情况相比，本书在构造异质信念变量过程中从总体交易量中分离出的未预期交易量能够更大程度的吸收价格波动的持续性。此外，预期交易量的系数估计值显著为负，说明预期交易量的增加能够降低市场上的收益波动。而未预期交易量的情况则相反，未预期交易量的增加能够加剧收益的波动。

表 6.16　富时 100 指数信息流替代变量检验结果——基于未预期交易量

模型	α_1	α_2	γ_1	γ_2	$\alpha_1+\alpha_2$
(6.2.3)	0.105*** (13.63)	0.885*** (153.29)	−0.107* (−1.91)		0.990
(6.2.4)	0.323*** (7.86)	0.423*** (10.95)		0.369*** (16.71)	0.746

注：表中，***、*分别表示1%、10%的显著性水平，括号内数值为相应参数估计的t值。

表 6.17　CAC40 指数信息流替代变量检验结果——基于未预期交易量

模型	α_1	α_2	γ_1	γ_2	$\alpha_1+\alpha_2$
(6.2.3)	0.104*** (13.70)	0.891*** (121.49)	−0.032* (−1.87)		0.995
(6.2.4)	0.261*** (8.10)	0.342*** (9.25)		0.745*** (4.62)	0.603

注：表中，***、*分别表示1% | 10%的显著性水平，括号内数值为相应参数估计的t值。

表 6.18　DAX 指数信息流替代变量检验结果——基于未预期交易量

模型	α_1	α_2	γ_1	γ_2	$\alpha_1+\alpha_2$
(6.2.3)	0.084*** (12.73)	0.906*** (116.12)	−0.230*** (−13.29)		0.990
(6.2.4)	0.377*** (9.79)	0.360*** (12.93)		0.868*** (24.33)	0.737

注：表中，***表示1%的显著性水平，括号内数值为相应参数估计的t值。

欧洲股票市场上，对于富时 100 指数，表 6.16 中的检验结果表明，在 GARCH 模型的条件方差方程中加入预期交易量时，持续性参数（$\alpha_1+\alpha_2$）为 0.990，仍然非常接近于 1。加入未预期交易量后，（$\alpha_1+\alpha_2$）变为 0.746，有一定程度的降低，并且与 6.1 节中加入总体交易量时（$\alpha_1+\alpha_2$）

为0.836的情况进行比较后发现，相对于总体交易量和预期交易量，未预期交易量作为无法被观测的信息流的代理变量更为合理。同样，对于CAC40和DAX指数，表6.17和表6.18中的检验结果表明，与总体交易量和预期交易量相比，加入未预期交易量时持续性参数也有较大程度的降低。同时，对于欧洲股票市场上的富时100指数和CAC40指数、DAX指数，上述检验结果表明，预期交易量的增加能够降低市场上的收益波动。而未预期交易量的增加则能够加剧股票市场上的收益波动。

表6.19　上证综指信息流替代变量检验结果——基于未预期交易量

模型	α_1	α_2	γ_1	γ_2	$\alpha_1+\alpha_2$
(6.2.3)	0.057*** (7.15)	0.933*** (108.87)	-0.694*** (-3.54)		0.990
(6.2.4)	0.046** (2.43)	0.431*** (10.51)	6.383*** (12.65)		0.477

注：表中，***，**分别表示1%，5%的显著性水平，括号内数值为相应参数估计的t值。

表6.20　恒生指数信息流替代变量检验结果——基于未预期交易量

模型	α_1	α_2	γ_1	γ_2	$\alpha_1+\alpha_2$
(6.2.3)	0.091*** (7.84)	0.903*** (74.50)	-1.076*** (-4.92)		0.994
(6.2.4)	0.293*** (9.47)	0.463*** (17.36)		0.945*** (11.85)	0.756

注：表中，***表示1%的显著性水平，括号内数值为相应参数估计的t值。

表6.21　日经225指数信息流替代变量检验结果——基于未预期交易量

模型	α_1	α_2	γ_1	γ_2	$\alpha_1+\alpha_2$
(6.2.3)	0.161*** (12.68)	0.814*** (56.68)	-0.242*** (-5.43)		0.975
(6.2.4)	0.203*** (7.88)	0.408*** (10.37)		1.832*** (23.45)	0.611

注：表中，***表示1%的显著性水平，括号内数值为相应参数估计的t值。

表6.19、表6.20和表6.21中的检验结果表明，亚洲股票市场上也表现出了与美洲和欧洲股票市场上相似的结论。对于上证综指、恒生指数和日经225指数，与在GARCH模型的条件方差方程中加入总体交易量和预期交易量时的情况进行对比后发现，加入未预期交易时持续性参数降低幅度较大。并且检验结果表明，预期交易量与收益波动显著负相关，未预期交易量与收益波动显著正相关。

通过前面的分析我们发现，由于异质信念的存在使得交易量中出现了不能被预期的成分即未预期交易量。在总体交易量中，由于盈利公告信息和流动性需求等原因产生的交易量是总体交易中可以被预期的成分，本书称之为预期交易量。预期交易量的增加能够扩大市场上的流动性，进而降低股票的收益波动，因此预期交易量与收益波动之间存在显著的负相关关系。而未预期交易量是总体交易量中由于投资者异质信念的存在而产生的交易量，这部分交易量是总体交易量中不能被预期的部分，因此未预期交易量与收益波动正相关。本书在第四章第二节的实证分析中已经指出，异质信念与收益波动也是正相关的关系，因此，由于异质信念而产生的交易量应该随着异质信念的增强而增大。或者可以说，未预期交易量实际上也可以作为异质信念的替代变量。

通过对美洲、欧洲、亚洲股票市场上的七个全球重要指数进行分析可以得出结论：异质信念的假设前提下，资产价格服从以未预期交易量为混合变量的混合分布。未预期交易量为一个混合变量，可以作为信息流的替代变量。虽然国内外的诸多研究认为，交易量作为信息流替代变量是合理的。但本节基于总体交易量、未预期交易量、预期交易量的对比分析结果表明，与总体交易量和预期交易量相比，未预期交易量能够在更大程度上降低价格的持续性波动。真正引起股票价格持续波动的是未预期交易量，用未预期交易量作为无法被观测信息流的代理变量是更精确又合理的选择。

具体的原因还应追溯到混合分布假说理论关于投资者信念的假设前提。传统混合分布假说理论在投资者同质信念的假设条件下提出。自从Clark提出混合分布假说理论之后，许多学者都在努力寻找真正引起价格持续性波动的根源。本书在投资者异质信念的假设前提对股票价格持续波动的原因进行分析，认为异质信念的情况下，信息流真正带来的是未预期交易量与价格波动。由于异质信念的存在，使得交易量中出现了不可预期的成分（本书称之为未预期交易量）。异质信念的假设前提下，股票价格变化的分布是以未预期交易量为混合变量的混合分布。收益率序列的分布从属于未预期交易量，服从以未预期交易量为混合变量的混合分布。因此，本书3.2节中构造的包含异质信念的GARCH－M模型实际上是一个以未预期交易量为混合变量的混合GARCH－M模型。

第三节　小结

本章基于混合分布假说理论对本书异质信念代理变量构建过程中所使用的变量即信息交易量和未预期交易量进行了实证检验。

对于信息交易量，检验结果表明，与总体交易量和流动性交易量相比较，信息交易量能够更有效地降低价格波动的持续性。因此，信息交易量对股票价格波动的持续性具有更好的解释能力，可以视为信息流的有效代理变量，是一个混合变量。本书第三章第一节中构造的包含异质信念的GARCH模型可以称为一个以信息交易量为混合变量的混合GARCH模型。

类似地，对于未预期交易量，检验结果表明，与总体交易量和预期交易量相比较，未预期交易量能够更有效地降低价格波动的持续性。因此，未预期交易量对股票价格波动的持续性具有更好的解释能力，未预期交易量也可以作为信息流的替代变量，是一个混合变量。本书第三章第二节中构造的包含异质信念的 GARCH－M 模型可以称为一个以未预期交易量为混合变量的混合 GARCH－M 模型。

通过本章的实证分析，我们得出结论：异质信念的假设前提下，相对于总体交易量，信息交易量和未预期交易量对价格的持续性波动具有更有效的解释能力。与总体交易量进行比较后发现，信息交易量和未预期交易量作为无法被观测信息流的代理变量更为合理。信息交易量和未预期交易量均可以视为一个混合变量，因此，本书构建的包含异质信念的 GARCH（GARCH－M）模型实际上是一个以信息交易量（未预期交易量）为混合变量的混合 GARCH（GARCH－M）模型。

第七章　结论及政策建议

本书选取世界主要股票市场代表性指数：美洲地区美国股票市场道琼斯指数，欧洲地区英国股票市场富时 100 指数、法国股票市场 CAC40 指数、德国股票市场 DAX 指数，亚洲地区中国内地股票市场上证综合指数、中国香港股票市场恒生指数、日本股票市场日经 225 指数为研究对象，通过建立包含异质信念的混合 GARCH 模型检验各股票市场上投资者异质信念的存在性并分析了异质信念与投资风险、股票预期收益之间的关系。

本书在第四章基于信息交易量构建投资者异质信念代理变量，通过建立一个包含异质信念的 GARCH 模型，检验投资者异质信念的存在性，同时分析了异质信念与投资风险的关系。在第五章基于未预期交易量构建投资者异质信念代理变量，通过建立一个包含异质信念的 GARCH - M 模型分析了异质信念与股票预期收益之间的关系。在第六章基于混合分布假说理论对信息交易量和未预期交易量作为信息流替代变量的合理性进行检验，发现信息交易量和未预期交易量能够更大程度地降低股票价格的持续性波动，可以作为信息流的替代变量是混合变量。因此，本书构建的包含异质信念的 GARCH（GARCH - M）模型是以信息交易量（未预期交易量）为混合变量的混合 GARCH（GARCH - M）模型。

第一节　异质信念与投资风险结论及政策建议

第四章包含异质信念混合 GARCH 模型的估计结果主要得出如下结论：

（1）基于信息交易量构建的包含异质信念的 GARCH 模型能够有效地刻画世界主要股票市场上普遍存在的投资者异质信念现象。2006 年至 2011

年间，美洲、欧洲和亚洲股票市场上七个重要指数的估计结果表明，投资者异质信念的增强能够加剧股票市场上的收益波动，带来更大的投资风险。

（2）美洲、欧洲以及亚洲股票市场七大指数在 1996 年至 2011 年分段样本区间内的估计结果同样表明，异质信念的存在能够加剧市场上的收益波动，增加投资的风险。与欧美股票市场以及亚洲股票市场恒生指数和日经 225 指数相比，在分段样本区间内，我国内地股票市场异质信念对收益波动影响的变化幅度相对较大。富时 100 指数、CAC40 指数、DAX 指数、日经 225 指数存在部分分段样本区间段内异质信念变量系数估计值不显著的情况。具体的原因，一方面可能是这些区间段内投资者异质信念程度比较弱，但另一方面也有可能是数据选取的原因，比如尝试高频数据有可能会度量到这些区间段内的异质信念的存在。

基于异质信念与投资风险关系的实证分析结果表明，在股票市场上，投资者异质信念的程度是影响市场波动和投资风险的一个重要因素。当然，投资者之间不可能达成完全同质信念下的一致状态。但我们应该注意的是，如果投资者之间的异质性水平过高，也就是股票市场上的投资者之间具有很大程度的异质性，市场波动和投资风险也会处于一个相对较高的水平。面对复杂多变的经济金融形势，维持股票市场的稳定，防止市场过度波动，适当降低投资者之间的异质性将有利于股票市场的发展和壮大。

与相对成熟和完善的欧美股票市场相比，我国内地股票市场还存在许多有待进一步解决的问题。

（1）我国内地股票市场机构投资者比例较低，大量个体投资者的非理性投资带来更高程度的投资者异质信念。

由图 7 - 1 中我国内地股票市场账户开户的情况可以发现，2000 年到 2010 年间，我国内地股票市场正在不断壮大，但是机构投资者的比例仍然偏小，仅占总规模的 0. 4% ~0. 6% 。

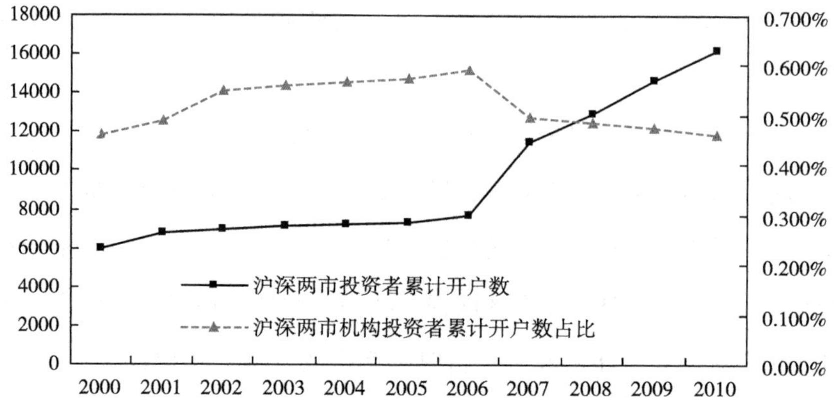

图 7-1　中国股票市场股票账户累计开户情况

注：数据来源：《中国股票登记结算统计年鉴 2010》，左侧纵轴单位为“万户”。

目前，我国机构投资者主要有保险公司、养老基金和投资基金、股票公司、银行等。与个体投资者相比较，机构投资者首先在资金运营上具有明显的优势，并且具有投资管理专业化、投资结构组合化、投资行为规范化等优点。然而，个体投资者投资理念不明确，由于时间和精力有限又很难在信息搜集以及上市公司行情分析等方面具有一定的优势，盲目投资的情况居多。

更进一步，如果从异质信念的形成原因对机构投资者和个体投资者进行比较，不难发现两者之间的差别。首先，个体投资者的教育背景、工作经历、理财经验存在较大的差别，而机构投资者由专业化的投资理财团队组成。其次，个体投资者只能通过有限的渠道获取到少量的信息，并且所获取的信息相对滞后，机构投资者则能够迅速并及时的通过多种渠道获取市场中的重要信息。此外，个体投资者由于精力和时间的限制只会注意到市场中有限的重大信息，而机构投资者会适时对公司财务信息、行情信息以及经济形势进行分析和跟踪。

因此，如果股票市场中个体投资者比例相对过高，而机构投资者比例较低，显然整个市场中投资者异质信念的程度会更高，收益波动幅度会更大，也会带来较高的投资风险，不利于市场的稳步发展。

（2）我国内地股票市场信息披露机制不完善，导致股票市场投资者异质信念程度增强。

我国内地股票市场实行固定期限的信息披露模式，与发达资本市场的强制性电子化信息申报制度相比较具有更长时间的信息披露期限，容易诱发内幕交易，导致信息披露无法实现时效性。不仅如此，我国内地股票市场目前主要在股票监管机构指定的网站或者股票、财经类报刊上进行信息披露，信息披露的时效性和真实性难以保障。因此，信息披露机制的不完善进一步增强了信息在传播过程中的渐进流动性，投资者不能及时有效的获取到市场中的信息，进一步增强了投资者之间的异质信念程度。

综上所述，进一步扩大我国内地股票市场上机构投资者的规模，引导个体投资者合理进行投资，不断完善市场信息披露制度、严格控制内幕消息、拓展信息流通渠道将有助于降低股票市场上投资者的意见分歧程度，从而降低股市的波动性，减少市场泡沫的产生，促进金融市场的稳定和健康发展。

第二节　异质信念与股票预期收益结论及政策建议

第五章包含异质信念的混合 GARCH－M 模型估计的结果主要得出如下结论：

（1）无论是在相对成熟的欧美股票市场还是在处于发展阶段的亚洲股票市场，异质信念与股票预期收益之间具有负相关关系，异质信念程度越强，股票价格相对于其真实价值被高估的程度越严重，预期收益越低。

（2）七个全球重要指数的估计结果表明，虽然美洲地区美国股票市场、欧洲地区英国、法国、德国股票市场、亚洲地区中国内地、中国香港、日本股票市场上，异质信念与股票预期收益均表现出了负的相关关系，但负相关的程度是不同的。由于各国股票市场所受卖空限制的程度存在差别，基于七个指数的估计结果表明，中国内地市场股票价格被高估的程度最严重，其次是德国、英国和日本。中国香港、法国和美国股票市场上股票价格被高估的程度比较低。

基于上述结论，本书认为，可以通过以下的方式缓解股票市场价格被高估的问题。

首先，可以通过降低股票市场上投资者之间异质信念的程度来降低股票价格被高估的程度。

扩大股票市场上机构投资者的规模，引导个体投资者合理进行投资，不断完善市场信息披露制度、严格控制内幕消息、拓展信息流通渠道仍然是有效降低股票市场投资者异质性的方式。

其次，不断完善卖空机制，缓解股票价格被高估的现状，从而使股票价格有效反映其真实价值。

卖空机制的引入有助于降低股票市场的波动性，增加资本市场的资产流动性，并有助于股票价格反映其真实价值。因此，适当降低卖空限制的程度以及卖空交易的成本将有利于股票市场的发展。

但是，与此同时，经济金融危机的产生引发了全球金融市场对卖空交易的深刻思考。危机之后监管部门所采取的一系列针对卖空交易的监管措施提醒我们：允许卖空的同时，进一步加强对卖空机制的监管仍然是不容忽视的重要任务，卖空机制仍然会面临任重而道远的发展历程。

参考文献

[1] Andersen, Torben G.. Return Volatility and Trading Volume: An Information Flow Interpretation of Stochastic Volatility [J]. The Journal of Finance, 1996, 51 (1): 169 -204.

[2] Bamber, L.. Unexpected Earnings, Firm Size and Trading Volume around Quarterly Earnings Announcements [J]. The Accounting Review, 1987, 62 : 510 -532.

[3] Banerjee, S. and I. Kremer. Disagreement and Learning: Dynamic Patterns of Trade [J]. The Journal of Finance, 2010, 65 (4): 1269 -1302.

[4] Banz, R. W.. The Relation between Return and Market Value of Common Stocks [J]. Journal of Financial Economics, 1981, 9 (1): 3 -18.

[5] Barber, B. M. , and T. Odean. All the Glitters: The Effect of Attention and News on the Buying Behavior of Individual and Institutional investors [J]. Review of Financial Studies, 2008, 21: 785 -818.

[6] Barberis, N. , M. Huang and T. Santos. Prospect Theory and Asset Prices [J]. The Quarterly Journal of Economics, 2001, 116 (1): 1 -53.

[7] Barberis, N. , A. Shleifer and R. Vishny. A Model of Investor Sentiment [J]. Journal of Financial Economics, 1998, 49 (3): 307 -343.

[8] Barron, O. , M. Stanford and Y. Yu. Further Evidence on the Relation be-

tween Analysts' Forecast Dispersion and Stock Returns [J]. Contemporary Accounting Research, 2009, 26: 329 -357.

[9] Bera, A. K. and M. L. Higgins. A test for Conditional Heteroskedasticity in Time Series Models [J]. Journal of Time Series Analysis, 1992, 13: 501 -519.

[10] Berkes, I. , L. Horváth and P. Kokoszka. GARCH Processes: Structure and Estimation [J]. Bernoulli, 2003, 9 (2): 201 -227.

[11] Bernard, V. L. and J. K. Thomas. Post - earnings - Announcement Drift: Delayed Price Response or Risk Premium? [J]. Journal of Accounting Research, 1989, Supplement 27: 1 -36.

[12] Berndt, E. K. , B. H. Hall, R. E. Hall, and J. A. Hausma. Estimation and Inference in Nonlinear Structural Models[J]. Annals of Economic and Social, Measurement, 1974, 3 (4): 653 -665.

[13] Black, F.. Noise [J]. The Journal of Finance, 1986, 41 (3): 529 - 543.

[14] Bloomfield, R. , M. O. Hara and G. Saar. The 'Make or Take' Decision in an Electronic Market: Evidence on the Evolution of Liquidity [J]. Journal of Financial Economics, 2005, 75: 165 -200.

[15] Bloomfield, R. and P. E. Fischer. Disagreement and the Cost of Capital [J]. Journal of Accounting Research, 2010, 49 (1): 41 -68.

[16] Bloomfield, R. J. , W. B. Tayler and F. Zhou. Momentum, Reversal and Uninformed Traders in Laboratory Markets [J]. The Journal of Finance, 2009, 64 (6): 2535 -2558.

[17] Boehme, R. D. , B. R. Danielsen and S. M. Sorescu. Short - Sale Constraints, Dispersion of Opinion and Overvaluation [J]. Journal of Financial and Quantitative Analysis , 2006, 41: 455 -487.

[18] Boehmer. E. , G. Saar and L. Yu. Lifting the Veil: An Analysis of Pre - Trade Transparency at the NYSE [J]. The Journal of Finance, 2005, 60: 783 - 815.

[19] Bollerslev, T.. Generalized Autoregressive Conditional Heteroscedasticity [J]. Journal of Econometrics, 1986, 31 (3): 307 - 327.

[20] Brockman, P. and D. Chung. An Empirical Investigation of Trading on Asymmetric Information and Heterogeneous Prior Beliefs [J]. Journal of Empirical Finance , 2000: 7417 - 7454.

[21] Brown, S. and S. Hillegeist and K. Lo. Conference Calls and Information Asymmetry [J]. Journal of Accounting and Economics, 2004, 37: 343 - 366.

[22] Brown, S. and S. Hillegeist. How Disclosure Quality Affects the Level of Information Asymmetry [J]. Review of Accounting Studies, 2007, 12: 443 - 477.

[23] 蔡向辉. 海外股指期货与卖空机制退出时间比较分析[J]. 证券市场导报, 2007 (11).

[24] Campbell, J. Y. , T. Ramadorai and A. Schwartz. Caught on Tape: Institutional Trading, Stock Returns and Earnings Announcements [J]. Journal of Financial Economics, 2009, 92: 66 - 91.

[25] Cao, H. H. and H. Ou - Yang. Differences of Opinion of Public Informatin and Speculative Trading in Stocks and Options [J]. Review of Financial Studies, 2009, 22: 299 - 336.

[26] Chen, G. M. , K. A. Kim, J. R. Nofsinger and O. M. Rui. Trading Performance, Disposition Effect, Overconfidence, Representativeness Bias, and Experience of Emerging Market Investors [J]. Journal of Behavioral Decision Making, 2007, 20: 425 - 451.

[27] Chen, J., H. Hong, J. C. Stein. Breadth of Ownership and Stock Returns [J]. Journal of Financial Economics, 2002, 66: 171 -205.

[28] 陈国进，胡超凡，王景．异质信念与股票收益——基于我国股票市场的实证研究 [J]. 财贸经济，2009 (3).

[29] 陈国进，王景．异质信念与金融异象研究新进展 [J]. 经济学动态，2007 (9).

[30] 陈国进，张贻军．异质信念、卖空限制与我国股市的暴跌现象研究 [J].金融研究，2009 (4).

[31] 陈国进，张贻军，王景．异质信念与盈余惯性——基于中国股票市场的实证分析 [J]. 当代财经，2008 (7).

[32] 陈淼鑫，郑振龙．卖空机制对股票市场的影响——基于全球市场的经验研究 [J]. 世界经济，2008 (12).

[33] Choe, H., B. Kho and R. M. Stulz. Do Domestic Investors Have an Edge? The Trading Experience of Foreign Investors in Korea [J]. Review of Financial Studies, 2005, 18: 795 -829.

[34] Chordia, T., and S. Swaminathan. Trading Volume and Cross - Autocorrelations in Stock Returns [J]. Journal of Finance , 2000, 55: 913 - 935.

[35] Chordia, T., S. W. Huh and A. Subrahmanyam. The Cross - Section of Expected Trading Activity[J] . Review of Financial Studies, 2007, 20: 709 -740.

[36] Chordia, T., A. Subramanyam and V. R. Anshuman. Trading Activity and Expected Stock Returns [J]. Journal of Financial Economics, 2001, 59: 3 -32.

[37] Christensen, P. O., L. E. Delarosa and G. A. Feltham. Information and the Cost of Capital: an Ex - Ante Perspective [J]. The Accounting Re-

view, 2010, 85: 817 -848.

[38] Chuang, W. and B. Lee. An Empirical Evaluation of the Overconfidence Hypothesis [J]. Journal of Banking and Finance, 2006, 30: 2489 - 2515.

[39] Clark, P. K.. A Subordinated Stochastic Press Model with Finite Variance for Speculative Prices [J]. Econometrica, 1973, 41 (1): 135 -155.

[40] Core, J. and W. Guay. Estimating the Value of Employee Stock Option Portfolios and Their Sensitivities to Price and Volatility [J]. Journal of Accounting Research, 2002, 40: 613 -630.

[41] Daniel, K. D., D. Hirshleifer and A. Subrahmanyam. Overconfidence, Arbitrage and Equilibrium Asset Pricing [J]. The Journal of Finance, 2001, 56: 921 -966.

[42] Daniel, K. D., D. Hirshleifer and A. Subrahmanyam. Investor Psychology and Security Market Under - and Overreactions[J]. Journal of Financial Economics, 1998, 53 (6): 1839 -1885.

[43] Danielson, B. and S. Sorescu. Why Do Option Introductions Depress Stock Prices? A Study of Diminishing Short Sale Constraints [J]. Journal of Financial and Quantitative Analysis, 2001, 36: 451 -484.

[44] Darrat, A. F., S. Rahman and M. Zhong. On the Role of Futures Trading in Spot Market Fluctuations: Perpetrator of Volatility or Victim of Regret [J]. Journal of Financial Research, 2002, 25 (3): 431 -444.

[45] De Long J. B., A. Shleifer, L. H. Summers, R. J. Waldmann A. and D. Kahneman. Noise Trader Risk in Financial Market [J]. Journal of Political Economy, 1990, 98 (4): 703 -738.

[46] De Bondt, W. F. M. and R. H. Thaler. Does the Stock Market Overreact? [J]. The Journal of Finance, 1985, 40 (3): 793 -805.

[47] Dechow P. , A. Hutton and R. Sloan. The Relation between Analysts' Forecasts of Long – Term Earnings Growth and Stock Price Performance Following Equity Offerings [J]. Contemporary Accounting Research, 2000, 17: 1 –32.

[48] Depken, C. A.. Good News, Bad News and Garch Effects in Stock Return Data [J]. Journal of Applied Economics, 2001, 4 (2): 313 –327.

[49] Diether, K. B. , C. J. Malloy and A. Scherbina. Differences of Opinion and the Cross Section of Stock Returns [J]. The Journal of Finance, 2002, 57 (5): 2113 –2141.

[50] Doukas, J. A. , C. Kim and C. Pantzalis. Divergence of Opinion and Equity Returns [J]. Journal of Financial and Quantitative Analysis, 2006, 41 (3): 573 –606.

[51] Doukas, J. A. , C. Kim and C. Pantzalis. Divergent Opinions and Value Stock Performance [J]. Financial Analysts Journal, 2004, 60: 55 –64.

[52] Duarte, Diamond, D. W. and R. E. Verrecchia. Constraints on Short – Selling and Asset Price Adjustment to Private Information [J]. Journal of Financial Economics, 1987, 18: 277 –311.

[53] Easley, D. , S. Hvidkjaer and M. O' Hara. Is Information Risk a Determinant of Asset Returns? [J]. The Journal of Finance , 2002, 57: 2185 –2221.

[54] Engle, R. F.. Autoregressive Conditional Heteroscedasticity with Estimates of the Variance of United Kingdom Inflation [J]. 1982, 50 (4): 987 –1007.

[55] Engle, R. F.. Estimates of the Variance of U. S. Inflation Based upon the ARCH Model [J]. Journal of Money, Credit and Banking, 1983, 15 (3): 286 –301.

[56] Engle, R. F. , D. M. Lilien and R. P. Robins. Estimating Time Varying Risk Premia in the Term Structure: The ARCH - M Model [J]. Econometrica, 1987, 55 (2): 391 -407.

[57] Epps, T. W. and M. L. Epps. The Stochastic Dependence of Security Price Changes and Transaction Volumes: Implications for the Mixture of Distributions Hypothesis [J]. Econometrica, 1976, 44 (2): 305 -321.

[58] Fama, E. F.. Efficient Capital Markets: A Review of Theory and Empirical work [J]. 1970, 25 (2): 383 -417.

[59] Fama, E. F.. The Behavior of Stock Market Prices[J]. Journal of Business, 1965, 38 (1): 34 -105.

[60] Fleming, M. and E. Remolona. Price Formation and Liquidity in the U. S. Treasury Market: the Response to Public Information [J]. The Journal of Finance, 1999, 54: 1901 -1915.

[61] Foucault, T.. Order Flow Composition and Trading Costs in a Dynamic Limit Order Market [J]. Journal of Financial Markets, 1999, 2: 99 -134.

[62] Gao, Y. , C. X. Mao and R. Zhong. Divergence of Opinion and Long - Term Performance of Initial Public Offerings [J]. The Journal of Financial Research, 2006, 29 (1): 113 -129.

[63] Garfinkel, J. A. , J. Sokobin. Volume, Opinion Divergence and Returns [J]. Journal of Accounting Research, 2006, 44 (1): 85 -112.

[64] Garfinkel, J. A. and M. Nimalendran. Market Structure and Trader Anonymity: An Analysis of Insider Trading [J]. Journal of Financial and Quantitative Analysis, 2003, 38: 591 -610.

[65] Garfinkel, J. A.. Measuring Investors' Opinion Divergence [J] vJournal of Accounting Research , 2009, 47 (5): 1317 -1348.

[66] Gervais, S. , R. Kaniel, D. H. Mingelgrin. The High Volume - Return Premium [J]. Journal of Finance , 2001, 56: 877 -920.

[67] Glosten, L. R. and P. R. Milgrom. Bid, Ask and Transaction Prices in a Specialist Market with Heterogeneously Informed Traders [J]. Journal of Financial Economics, 1985, 14 (1): 71 -100.

[68] Goetzmann, W. N. , M. Massa. Dispersion of Opinion and Stock Returns [J]. Journal of Financial Markets, 2005, 8 (3): 325 -350.

[69] Graham, J. , J. Koski and U. Loewenstein. Information Flow and Liquidity around Anticipated and Unanticipated Dividend Announcements [J]. Journal of Business, 2006, 79: 2301 -2336.

[70] Greene , W. H. . Econometric Analysis [M]. New Jersey, Pearson Education, 2003.

[71] 古志辉，郝项超，张永杰. 卖空约束、投资者行为和 A 股市场的定价泡沫 [J]. 金融研究，2011 (2).

[72] Hamilton, J. D. [M]. Time Series Analysis, Princeton, New Jersey, Princeton University Press, 1994.

[73] Harris, M. and A. Raviv. Differences of Opinion Make a Horse Race [J]. Review of Financial Studies, 1993, 6: 473 -506.

[74] Harris, L. . Transaction Data Tests of the Mixture of Distributions Hypothesis[J]. Journal of Financial and Quantitative Analysis, 1987, 22 (2): 127 -141.

[75] Harrison, J. M. and D. M. Kreps. Speculative Investor Behavior in a Stock Market with Heterogeneous Expectations[J]. The Quarterly Journal of Economics, 1978, 92 (2): 323 -336.

[76] Healy, P. and K. Palepu. Information Asymmetry, Corporate Disclosure, and the Capital Markets: A Review of the Empirical Disclosure Literature

[J]. Journal of Accounting and Economics, 2001, 31: 405 - 440.

[77] Hollifield, B., R. A. Miller, P. Sandas and J. Slive. Estimating the Gains from Trade in Limit Order Markets [J]. The Journal of Finance, 2006, 61 (6): 2753 - 2804.

[78] Hong, H., J. C. Stein. A Unified Theory of Underreaction, Momentum Trading and Over - Reaction in Asset Markets [J]. The Journal of Finance, 1999, 54 (6): 2143 - 2184.

[79] Hong, H., J. C. Stein. Disagreement and the Stock Market[J]. Journal of Economic Perspectives, 2007, 21 (2): 109 - 128.

[80] Hong, H., J. Scheinkman, and W. Xiong. Asset Float and Speculative Bubbles [J]. The Journal of Finance, 2006, 61 (3): 1073 - 1117.

[81] Hong, H., J. C. Stein. Differences of Opinion, Short - Sales Constraints and Market Crashes [J]. The Review of Financial Studies, 2003, 16 (2): 487 - 525.

[82] Houge, T., T. Loughran, G. Suchanek and X. Yan. Divergence of Opinion, Uncertainty and the Quality of Initial Public Offerings [J]. Financial Management, 2001, 30: 5 - 23.

[83] Huang, Z. and J. B. Heian. Differences of Opinion Overconfidence and the High - Volume Premium[J]. The Journal of Financial Research, 2011, 34 (1): 1 - 25.

[84] 胡昌生．金融异象与投资者心理 [M]. 武汉，武汉大学出版社，2005.

[85] Hughes, J., J. Liu and J. Liu. Information, Diversification [J]. The Accounting Review, 2007, 82: 705 - 729.

[86] Jegadeedsh, N. and S. Titman. Returns to Buying Winners and Selling Losers: Implications for Stock Market Efficiency [J]. The Journal of Fi-

nance, 1993, 48 (1): 65 -91.

[87] Kahneman, D. and A. Tversky. Prospect Theory: An Analysis of Decision under Risk [J]. Econometrica, 1979, 47 (2): 263 -292.

[88] Kaniel, R. and H. Liu. So What Orders Do Informed Traders Use? [J]. Journal of Business, 2006, 79: 1867 -1913.

[89] Karpoff, J. M.. The Relation Between Price Changes and Trading Volume: A Survey [J]. Journal of Financial and Quantitative Analysis, 1987, 22 (1): 109 -126.

[90] Lamoureux, C. G. and W. D. Lastrapes. Heteroskedasticity in Stock Return Data: Volume versus GARCH Effects [J]. American Finance Association, 1990, 45 (1): 221 -229.

[91] Lee, C. M. C. and B. Swaminathan. Price Momentum and Trading Volume [J]. The Journal of Finance , 2000, 55: 2017 -2069.

[92] 凌士勤. 基于高频数据的分类信息混合分布 GARCH 模型研究 [J]. 数量经济技术经济研究, 2005 (3).

[93] Liu, Q. and K. Morimune. A Modified GARCH Model with Spells of Shocks [J]. Asia - Pacific Financial Markets, 2005, 12 (1): 29 -44.

[94] 李子奈, 周哲芳. ARCH 模型的理论基础及其对于中国股票市场的实证研究 [J]. Working Paper, 2000.

[95] Mandelbrot, B.. The Variation of Certain Speculative Prices [J]. Journal of Business, 1963, 36 (4): 394 -419.

[96] Markowitz, H.. Portfolio Selection[J]. The Journal of Finance, 1952, F7 (1): 77 -91.

[97] Mayshar, J.. On Divergence of Opinion and Imperfections in Capital Markets [J]. American Economic Review, 1982, 73: 114 -128.

[98] Miller, E. M.. Risk, Uncertainty and Divergence of Opinion [J]. The Journal of Finance, 1977, 32 (4): 1151 -1168.

[99] Morris, S.. Speculative Investor Behavior and Learning [J]. The Quarterly Journal of Economics, 1996, 111 (4): 1111 -1133.

[100] Ofek, E. , M. Richardson and R. Whitelaw. Limited Arbitrage and Short Sales Restrictions: Evidence from Options Markets [J]. Journal of Financial Economics, 2004, 74: 305 -342.

[101] Ohnson, T. C.. Forecast Dispersion and the Cross - Section of Expected Returns [J]. Journal of Finance, 2004, 59: 1957 -1978.

[102] Olsen, R. A.. Implications of Herding Behavior on Earnings Estimation: Risk Assessment and Stock Returns [J]. Financial Analysts Journal, 1996, 52: 37 -41.

[103] Pastor, L. and P. Veronesi.. Stock Valuation and Learning about Profitability[J]. Journal of Finance, 2003, 58: 1749 -1789.

[104] Payne, J. L. and W. B. Thomas. The Implications of Using Stock - Split Adjusted I/B/E/S Data in Empirical Research [J]. Accounting Review, 2003, 78: 1049 -1067.

[105] Ross, S. A.. The Arbitrage Theory of Capital Asset Pricing [J]. Journal of Economic Theory, 1976, 13 (3): 341 -360.

[106] Scheinkman, J. A. and W. Xiong. Overconfidence and Speculative Bubbles[J]. Journal of Political Economy, 2003, 111 (6): 1183 -1120.

[107] Shalen, C. T.. Volume, Volatility and the Dispersion of Beliefs [J]. The Review of Financial Studies, 1993, 6 (2): 405 -434.

[108] Sharpe, W. F.. Capital Asset Prices: A Theory of Market Equilibrium under Conditions of Risk [J]. The Journal of Finance, 1964, 19 (3): 425 -442.

[109] Shefrin, H. and Statman M.. Behavioral Capital Asset Pricing Theory [J]. Journal of Financial and Quantitative Analysis, 1994, 29 (3): 323 – 349.

[110] 谭日恭. 金融资产价格与成交量关系研究背景及综述 [J]. 上海金融, 2007 (9).

[111] Tauchen, G. E. and M. Pitts. The Price Variability – Volume Relationship on Speculative Markets [J]. Econometrica, 1983, 51 (2): 485 – 505.

[112] Tversky, A. and D. Kahneman. Judgment under Uncertainty: Heuristics and Biased [J]. Science, 1974, 185 (4157): 1124 – 1131.

[113] Varian, H. R.. Divergence of Opinion in Complete Markets: A Note [J]. The Journal of Finance, 1985, 40 (1): 309 – 317.

[114] 王春丽, 陈召军. 混合分布假说在中国股票市场的实证检验 [J]. 财经问题研究, 2003 (12).

[115] 王燕辉, 王凯涛. 股票交易量对收益率波动性的影响——对深市个股的实证分析 [J]. 金融研究, 2004 (12).

[116] Weiss, A. A.. Asymptotic Theory for ARCH Models: Estimation and Testing [J]. Econometric Theory, 1986, 2 (1): 107 – 131.

[117] Xiong, W. and H. Yan. Heterogeneous Expections and Bond Market [J]. Review of Financial Studies, 2009, 23 (4): 1433 – 1466.

[118] 张维, 张永杰. 异质信念、卖空限制与风险资产价格 [J]. 管理科学学报, 2006 (4).

[119] Zhao, D. H., J. B. Heian and T. Zhang. Differences of Opinion, Overconfidence and the High – Volume Premium [J]. The Journal of Financial Research, 2011, 34 (1): 1 – 25.

[120] 赵国庆, 魏军. 基于信息传播的混合 GARCH 模型 [J]. 统计研究,

2006（8）.

［121］周斌，翟伟丽，张媛，何基报．金融危机后全球卖空监管政策比较及启示［J］．证券市场导报，2010（9）.

［122］朱海鹏．危机中的反思——卖空机制对市场波动性的影响［J］．证券市场导报，2009（5）.